SOCIÉTÉ DES ARTISTES INDÉPENDANTS

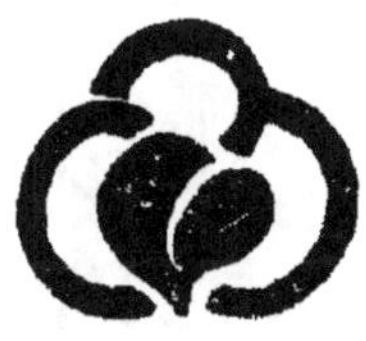

CATALOGUE
DE LA
20ᵐᵉ EXPOSITION

1904

1904

— ✳ —

20ᵉ EXPOSITION

Grandes Serres de la Ville de Paris

(COURS-LA-REINE)

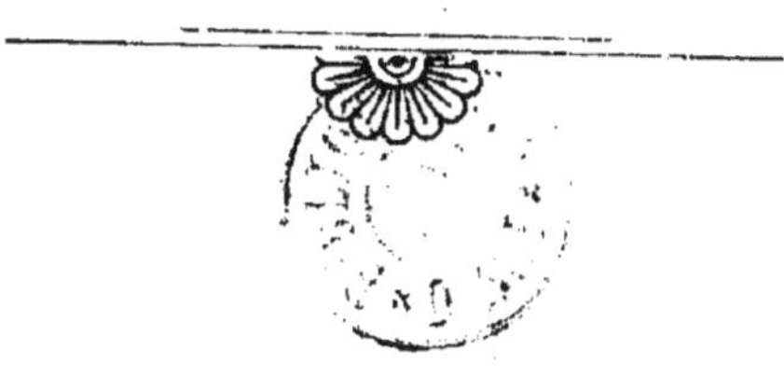

Du 21 Février au 24 Mars

De 10 heures à 6 heures

La Société des

" Artistes Indépendants "

basée sur la suppression des Jurys

d'admission, a pour but de permettre aux

Artistes de présenter librement

leurs œuvres au jugement

du Public.

Membre Fondateur

M. Dubois-Pillet, décédé le 17 août 1890.

COMITÉ

Président

M. E. Valton, 131, avenue Parmentier.

Vice-Présidents

MM. Signac, 16, rue La Fontaine.
Ottoz, 7 *bis*, rue Duperré.

Secrétaire

M. Séguin, 10, rue des Buissons, La Garenne-Colombes (Seine).

Secrétaire adjoint

M. Matisse, 19, quai Saint-Michel.

Trésorier

M. Périnet, 47, rue Crozatier.

Membres

MM. Agard, 23, boulevard Gouvion-Saint-Cyr.
Baudin, 16, rue d'Aboukir, à Courbevoie.
Davrigny, 76, rue de Passy.
Denis (Maurice), 59, rue de Mareil, à Saint-Germain-en-Laye (S.-et-O.).
Jaudin, 35, rue des Arts, à Levallois-Perret (Seine).
Laprade, 14, rue Mayet.
Lebasque, à Montevrain, par Lagny (S.-et-M.).
Luce, 102, rue Boileau.
Marquet, 211 *bis*, avenue de Versailles.
Monier, 12, rue des Artistes.
Ott, 6, rue des Filles-du-Calvaire.
Paviot, 32, rue des Dames.
Piet, 38, rue Rochechouart.
Poulain, 25, rue Gay-Lussac.

Délégué à la Presse

M. Mellerio (André), 11 *bis*, rue Portalis.

Conseil judiciaire

Mes Gustave Fortier, avocat à la Cour d'Appel, 22, rue Gay-Lussac.
Eugène Cahon, avoué de 1re instance, 25, rue Gay-Lussac.

COMMISSION DE PLACEMENT

Président

M. Fernand PIET, 38, rue Rochechouart.

Secrétaire

M. PAVIOT, 32, rue des Dames.

Membres

MM. AGARD, 23, boulevard Gouvion-Saint-Cyr.
FOURNIER (Marcel), 15, rue Hégésippe-Moreau.
GUÉRIN (Charles), 14, rue Boissonnade.
HÉNAULT (Jules), 38, rue Rochechouart.
JAUDIN (Henri), 35, rue des Arts, à Levallois-
Perret (Seine).
LAPRADE (Pierre), 14, rue Maillet.
LEBASQUE (Henri), à Montevrain, par Lagny (S.-et-M.)
LUCE (Maximilien), 102, rue Boileau.
MANGUIN (Henri), 61, rue Boursault.
MARQUET (Albert), 211 *bis*, avenue de Versailles.
MATISSE (Henri), 19, quai Saint-Michel.
MERODACK-JEANEAU (Alexis), 6, rue du Val-de-
Grâce.
METHEY (André), 3, rue du Maine, Asnières (Seine).
MONIER (Camille), 12, rue des Artistes.
PETITJEAN (Hippolyte), 26, rue Nansouty.
POZIER (Jacinthe), à Éragny, par Gisors (Eure).
OTTOZ (Émile), 7 *bis*, rue Duperré.
VALLOTON (Félix), 6, rue de Milan.

Membres supplémentaires

MM. BAUDIN (Félix), 16, rue d'Aboukir, à Courbevoie (Seine).
BRÉAL, rue Notre-Dame-des-Champs.
CLARY-BAROUX (Adolphe), 18, rue de Chabrol.
DELTOMBE (Paul-Edmond), 12, rue Charles-d'Ivry.
HÉLIS (Henri), 30, rue Vernier.
HERVÉ (Julien-Auguste), 9, rue Blainville.
JOURDAIN (Françis), 8, rue de Milan.
LAMOURDEDIEU (Raoul), 84, rue Lecourbe.
MINARTZ, 37, rue Fontaine.
POULAIN (Edmond), 25, rue Gay-Lussac.
QUINTINIE (DE LA) (Leon), 34, rue de la Faisanderie.
SOULL'ARD (fils), 17, passage Gourdon.

BOURGEOIS Aîné

18, Rue Croix-des-Petits-Champs, PARIS (1er Arr.)

Trois Usines
- 22, rue Claude-Tillier, Paris (12e).
- 57, rue Armand-Carel, Montreuil-s.-Bois (Seine).
- et à Senon (Meuse).

Fabrique de Couleurs extra-fines

POUR

Peinture à l'huile, Aquarelle, Gouache, Miniature,
Peinture sur Porcelaine,
Imitation de Tapisseries, Photographie, etc.

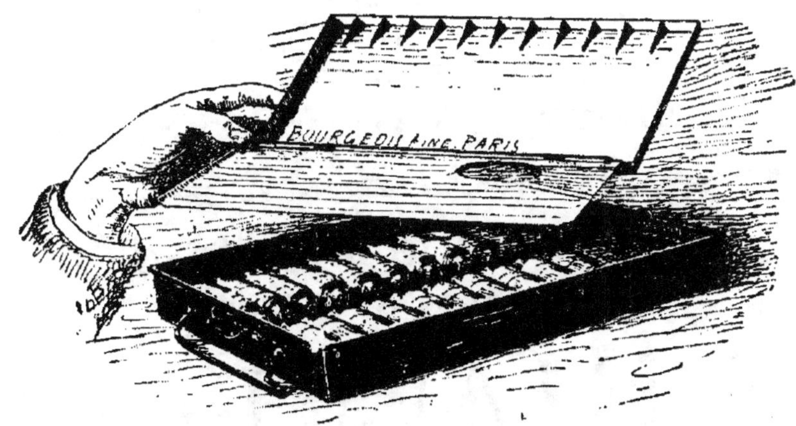

BOITES GARNIES POUR TOUS LES GENRES
MATÉRIEL D'ARTISTES
Pour la campagne et l'atelier

PASTELS SURFINS TENDRES & DEMI-DURS

Matériel de Modelage

OUTILLAGE & BOITES GARNIES
pour le travail artistique du CUIR *et de l'*ÉTAIN

Appareils pour le Dessin au Crayon incandescent

Les articles de la Maison BOURGEOIS Aîné
se trouvent chez tous les Marchands de couleurs et Papetiers

GALERIE DES COLLECTIONNEURS

L. SOULLIÉ

Auteur des " Grands Peintres aux Ventes publiques " et autres ouvrages

338, rue Saint-Honoré, 338

(FACE A LA RUE D'ALGER)

EXPOSITION PERMANENTE

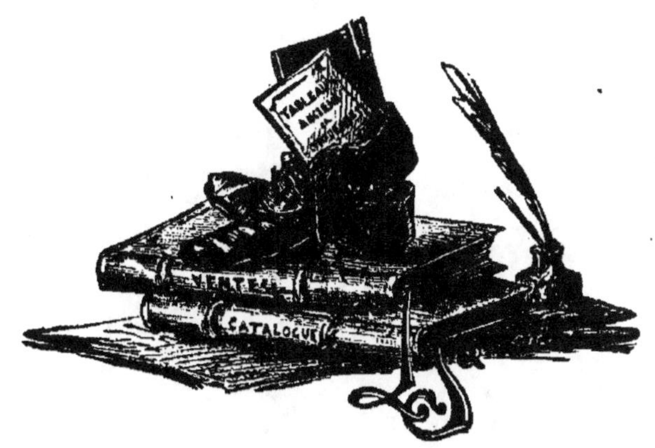

Du 18 Février au 5 Mars

de 10 heures à 5 heures (dimanches exceptés)

Exposition des Peintures

de

Paul CIROU

et d'autres Peintures, Dessins et Aquarelles

par

**Benjamin CONSTANT, COROT,
COURBET, Emile BERNARD, BOUDIN,
CÉZANNE, P. GAUGUIN**

(Peintures et Sculptures)

SISLEY, TEN CATE, VAN GOGH, etc., etc.

Le Catalogue de la Maison est adressé sur demande

DÉSIGNATION[1]

ADAM (Louis), né à Paris. — 46, avenue Parmentier, Paris.

*1 Ma fenêtre (automne).
*2 Rue de l'Abbaye-sous-Toile (Pont-de-l'Arche).
*3 Un petit chemin (Pont-de-l'Arche).
*4 Restaurant du *Lapin agile* (Montmartre).
*5 Rue Cortot (vieux Montmartre).
*6 Rue du Mont-Cenis (vieux Montmartre).

AGARD (Charles), né à Nontron (Dordogne).— 23, boulevard Gouvion-St-Cyr, Paris.

*7 Jeune fille dessinant.
*8 Géraniums dans la serre.
*9 La pelouse.
*10 Soleil d'automne.
*11 Le gros nuage.
*12 Ophélie (étude).

---

(1) L'astérisque placé à côté des numéros indique les œuvres à vendre.

On peut se procurer, au Secrétariat de l'Exposition, tous les renseignements nécessaires à l'achat des ouvrages, prix des œuvres et adresses des auteurs.

AGUTTES (Mme Georgette), née à Paris. — 11, rue Cauchois, Paris.

13 Bras de la Seine à Jeufosse.
14 Bonnières vu de la croix du Mont.
15 Lisière de bois à l'automne.
16 Etude de femme nue (aquarelle).
17 Pochade de théâtre (aquarelle).
18 Amalfi, golfe de Salerne (aquarelle).

ALBÉRIC (Pierre-Thomas), né à Nancy. — 25, rue Clapeyron, Paris.

*19 Square de la Tour-Saint-Jacques.
*20 Au parc Monceau.
*21 Grande cascade à Mortain.
*22 Coin de jardin à Mortain.
*23 Verger à Mortain.
*24 Marché aux fleurs de la Cité.

ALBERT (Alfred), né à Paris. — 42, rue Fontaine, Paris.

*25 Le pont des Andelys.
*26 Rouen.
*27 Le Château-Gaillard au lever du soleil.
*28 Un matin de Septembre.
*29 L'île Lacroix à Rouen.
*30 L'île Contant aux Andelys.

ALEXANDROVITCH (A.-J.), né en Russie. — Villa Emélie, 243, avenue d'Argenteuil, Bois-Colombes.

*31 Étude (peinture).
*32 Étude (peinture).

***33** Léon Tolstoï (lithographie).
***34** Jean Jaurès (lithographie).
35 Étude. (Appartient à Mme M. K...).
***36** Étude.

ALLARD (André), né à Rouen. — 70, boulevard Montparnasse, Paris.

***37** Intérieur à Saint-Pol-de-Léon.
***38** Coin de salon.
***39** Premières lumières.
***40** Derniers reflets.
***41** Le moulin.
***42** Port de Pempoul (Finistère).

ALLARD-FRÈRE (Mme Noémi), née à Rouen. —
70, boulevard Montparnasse, Paris.

***43** La petite Romain.
***44** La plaine de la Vignotière.
***45** Pâturage normand.
***46** Dans le parc.

ANTIGNA (Marc), né à Paris.— 10, rue du Printemps,
Paris.

47 Miniature. Portrait de Mme Y. D...
48 Miniature. Portrait de Mme R. A...
49 Miniature. Portrait de Mme J. P...
50 Miniature. Portrait de Mme G. L...
51 Miniature. Portrait de Mme A...
***52** Miniature. Fantaisie.
53 Miniature. Portrait de M. L. A...

54 Miniature. Portrait de Mlle C. D...
***55** Miniature. Portrait de MM. et de Mlle J...
56 Pendentif.

ANTONI (Ferdinand-Louis), né à Alger. — 89, rue Denfert-Rochereau, Paris.

***57** Paysage (étude).
***58** Paysage en Haute-Saône.
***59** Les Cheurfa (Kabylie).
***60** Faucheur.
***61** Paysage en Haute-Saône.
***62** Paysage (étude).

ASSA (Mme Renée), née à Paris. — 249, Grande-Rue, à Garches (Seine-et-Oise).

***63** La dame en noir.
***64** Jeune fille.

ARTIGUE (Bernard-Joseph), né à Muret (Hte-Garonne). — Blaye, par Carmaux (Tarn).

***65** Etude pour Pureté (peinture).
***66** La soupe (peinture).
***67** Bergère (pastel).
***68** Tête de paysan, profil (pointe sèche).
***69** Retour des champs (encre).
***70** Moutons, pluie (encre).

ANGÉNIOL (Henri), né à Verlieu (Loire). — 3, route de Vitry, à Ivry-Port (Seine).

***71** La Seine à Ivry (pastel).
***72** La Seine à Alfortville (pastel).

*73 Soleil couchant, vallée du Rhône (pastel).
*74 Le matin, bords du Rhône (pastel).
*75 Le châtaignier (pastel).
*76 Le soir, bords du Rhône (pastel).

AURAN (Bénoni), né à Monteux (Vaucluse). — 32, rue de la Santé, Paris.

*77 Marché aux arcades en Provence.
*78 Course de taureaux en Provence.
*79 Jeu de boules en Provence.
*80 Procession en Provence.
*81 Un marché en Provence.
*82 Fontaine de Vaucluse.

BABAIAN (Mlle Arminia), né à Tiflis (Caucase). — 15, rue Hégésippe-Moreau, Paris.

83 Portrait.
*84 Femme arménienne (étude de rouge).

BADER (Charles), né à Kembs (Alsace). — 25, rue Merlin-de-Thionville, à Suresnes (Seine).

*85 Buisson d'églantine (peinture).
*86 Sous bois (bronze).
*87 Etudes de paysage (bronze).
*88 Cadres (bronze ciselé).

BAEHR (Mlle Dora), née à Helsingfors. — 1, rue Monsieur-le-Prince, Paris.

*89 Vieille rue, 14 Juillet.
*90 Reading-voom à Paris.

***91** Trois croquis.
***92** Lait chaud à toute heure.
***93** Effet de crépuscule.
***94** Fleurs fanées.

BARBIER (André), né à Arras. — 13, quai aux Fleurs, Paris.

***95** Paysage à Veules-les-Rois.
96 Paysage d'été.
***97** Prairie, matin.
***98** Brume et soleil.
***99** Etretat.

BARBILLION (Lucien-Adolphe), né à Senlis (Oise). — 24, avenue de l'Observatoire, Paris.

100 Etude à Bernières.
101 Porte de parc, à Bernières.
102 Bords de l'Oise, Compiègne.
103 L'île des Bains, Compiègne.
104 Etude.

BARDIER (Maurice), né à Auxerre. — 66, rue Gay-Lussac, Paris.

***105** Etude (aquarelle).
***106** Etude (aquarelle).
***107** Marine (peinture à l'huile).
***108** Marine (peinture à l'huile).
***109** Marine (peinture à l'huile).
***110** Marine (peinture à l'huile).

BARNY (Henry), né à Metz. — 2, place Wagram, Paris.

*111   Plaine de Bourron.
*112   Un coin de Marlotte.
*113   Plaine de Barbizon.
*114   Route de la Mare-aux-Fées, Marlotte.
*115   Plaine de Macherin-Barbizon.

BARON (Marcel), né à Paris. — 9, place des Vosges, Paris.

*116   Falaises à Vaucottes (matinée).
*117   Les Balanches (Corse).
*118   Sur la Sarthe à Alençon (soleil couchant).
*119   Dans la montagne (Corse).
*120   A Saint-Goar sur le Rhin.
*121   Le Bassin de la Villette à Paris.

BARWOLF (Georges), né à Bruxelles. — 42, rue Fontaine, Paris.

*122   La Foire place Blanche.
*123   La Foire (temps de pluie).
*124   La neige, boulevard de Clichy.
*125   Temps du pluie.
*126   Etude du boulevard.
*127   Place Pigalle (soleil d'hiver).

BATTAGLIA (Matteo), né à Nice. — 3o, rue du Cherche-Midi, Paris.

*128   Roses ct coquelicots.
*129   Chrysanthèmes.

*130   Quelques iris.
*131   Des fleurs.
*132   Iris (étude).
*133   Etude de printemps.

BAUDET (Marie), née à Tagnon. — 2, rue Nicolas-Perseval, Reims.

*134   Coucher de soleil.
*135   Impression d'automne.
*136   Auprès du feu.
*137   Femmes à l'église.
*138   Coin de table le soir.
*139   Nature morte, fruits.

BAUDIN (Félix), né à Nantua (Ain). — 16, rue d'Aboukir, Courbevoie (Seine).

*140   Nymphe à la fontaine.
*141   La femme aux roses.
*142   Plaine de Saint-Denis.
*143   La maison du maraîcher.
*144   La vague.

BEAUFRÈRE (Ad.), né à Quimperlé. — 14, avenue Parmentier, Paris.

*145   Sapins (Bretagne).
*146   Deux études (Bretagne).
*147   Sables (Bretagne).
*148   Saint-Cloud.
*149   Saint-Cloud.
*150   Quimperlé.

BEBIN (José), né à Tacna (Pérou). — 5, rue des Beaux-Arts, Paris.

    *151   Un cadre pochades (20).
    *152   Un cadre, vue de Paris (boulevard Saint-Germain).
    *153   Un cadre, vue de Paris (boulevard Saint-Germain, temps gris).
    *154   Un cadre, vue de Paris (Trocadéro le soir).
    *155   Un cadre, paysage (Bourgogne).
    *156   Un cadre, étude pochade.

DE BERGHE (Adolphe), né à Paris. — 6, chaussée de la Muette, Paris.

    157   Soir d'automne (Yonne).
    158   Le vieux moulin (Yonne).
    159   Soleil couchant sur la Seine (Trocadéro).
    160   Soleil couchant sur le Serin (Yonne).
    161   Matin d'automne (Bois de Boulogne).
    162   Soir (la grue de Sèvres).

BERLIOZ (Charles). — Rue du Bois, à Breda (Hollande).

    *163   Hameau cévenol.
    *164   Chênes verts (Cévennes).
    *165   Les gorges d'Eric et le Caroux (Cévennes).
    *166   Les bords de l'Orb (Hérault).
    *167   Saint-Pons-sur-le-Jaur (Hérault).
    *168   Ferme cévenole (Vallée de l'Orb).

BERMOUD (Mlle Marie), née à Albi (Tarn). — 9, rue du Val-de-Grâce, Paris.

*169   Impression décorative.
*170   L'allée fleurie.
*171   Le bord de l'eau.
*172   Promenade autour de la ville, Palma (Mayorque).
*173   Habitation au bord de la mer (Mayorque).
*174   Estampes originales.

BERNARD (Pierre-Clairin), né à Toulon (Var). — 130, boulevard du Montparnasse, Paris.

*175   Paysage d'automne (étude).
*176   La falaise de Sainte-Marguerite (Provence).
*177   Effet de soir à Rouen (étude).

BERN-KLENE, né à Amsterdam. — Faubourg d'Ecuelles, Moret-sur-Loing (Seine-et-Marne).

*178   Un matin à la Marne.
*179   Un après-midi à la Marne.

BERRICHON (Paterne), né à Issoudun (Indre). — 18, avenue de la Frillière, Paris.

180   Portrait de M. Jacques Dufour, député.
*181   Figure de femme.
*182   Le chemin de Méry.
*183   L'Étude dans un miroir.
*184   Peupliers au printemps.
*185   Figure de femme (étude).

BETRIX (Ernest), né à Paris. — 12, rue Paul-Féval, Paris.

*186   Rue Saint-Vincent (Montmartre).
*187   Rue Cortot (Montmartre).
*188   Pont des Arts (brume).
*189   Le quai Malaquais (soleil).
*190   Une vue de la Butte Montmartre (soir).
191   Vues de Paris.

BEUMKE (Gabriel). — 53, rue de Dunkerque, Paris.

*192   Rue de la Congrégation et le clocher Saint-Léger, à Soissons (Aisne).
*193   Effet d'automne, une allée du Mail, à Soissons (Aisne).
*194   Bords de l'Aisne, le quai et l'usine des Verriers, à Soissons.
*195   Effet de crépuscule aux Sablières de Brévannes.
*196   L'avenue Gilbert, à Villiers-sur-Marne.
*197   Effet d'automne, route de Noisy-le-Grand, à Villiers.

BIÉTRIX (Lucien), né à Châteauroux (Indre). — 117, rue Notre-Dame-des-Champs, Paris.

*198   Sainte-Foy Tarentaise (Savoie).
*199   Baie de la Forest (Concarneau).
*200   Saint-Michel-de-Maurianne, le-Grand-Perron.
*201   Violettes et mandarines.
*202   Roses vertes.
*203   Vallée de Bourg-Saint-Maurice (Savoie).

BRETTE Jean-François, né au Havre. — Rue du Perray, Saint-Michel-sur-Orge (Seine-et-Oise).

*204 Paysage à la Tour.
*205 Fleurs d'automne.
*206 Nature morte (blanche).
*207 Nature morte (la table empire).
*208 Nature morte (le pot vert).
*209 Nature morte (le bouquet de chrysanthèmes).

BILLARD (Stéphen), né à Paris. — 25, rue d'Alleray Paris.

*210 Roses trémières.
*211 Braconnier.
*212 Roses jaunes.
*213 La Bièvre.
*214 Bords de Bièvre.
*215 Peinture (Huîtres).

BLAKE VERNON, né à Londres. — Rue de la Tombe-Issoire, 25, Paris.

*216 Les palmiers d'Ayer-Itam (Pinang).
*217 Toits sous la neige (Paris).
*218 Noce chinoise.
*219 Tête d'indienne.
*220 Tanjong-Bounga (Poulo-Pinang).
*221 Femme tamoule.

BLIVES (Roger de), né à Paris. — 15, boulevard Berthier, Paris.

222 Portrait.
223 Portrait.
224 Portrait.
***225** Les peupliers.
***226** Jardin.

BLOECKER (Mme Elisabeth), née à Bremen. — Rue Chevert, 23, Paris.

***227** Tête de femme.
***228** L'étang qui dort (paysage).
***229** Nature morte (Pommes).
***230** Banlieue de Paris.
***231** Chrysanthèmes sur velours.

BOCHARD (Louis), né à Lyon. — 22, avenue de la Frillière, Paris.

232 Portrait de M. D...
233 Portrait de Mme P. B...
***234** La Seine à Billancourt (fin novembre).
235 Portrait de Mlle B. L...
***236** Vieux cerisiers au mont Valérien en juin.
***237** La rive de la Seine à Boulogne (fin avril).

BOIGEGRAIN (Adolphe), né à Bourbonne-les-Bains. — 5, rue Emile-Allez, Paris.

***238** Environs de Rouen.
***239** Vallée de la Bièvre.

*240   Environs de Rouen.
*241   Meudon.
*242   Rouen le soir.
*243   Rouen.

DU BOIS DE PACÉ (Mme Marguerite). — 23, avenue du Bois de Boulogne, Paris.

*244   Jeune femme (pastel).
*245   Mandoline (pastel).
*246   Jeune espagnole (pastel).
*247   Fleurs et bijoux (pastel).
*248   Verre de Venise et chrysanthèmes (pastel).
*249   Vieux cuivres et roses.
*250   Ambre et dentelles (pastel).
*251   Pavots rouges (pastel).

BOISGONTIER, né à Saint-Cyr (Tours). — 3, rue Clotaire, Paris.

*252   Le soir (Saint-Cast).
*253   Le Doué (La Vieuville).
*254   Entrée du bois (Saint-Cast).
*255   Source au bord de la mer (Finistère).
*256   Vieux moulin (Finistère).
*257   Coucher de soleil (Moulin-de-la-Rive) (Finistère).

BOISSIER (Gaston-Maurice-Emile), né à Paris. — 56, rue Boissière, Paris.

*258   Bords de Marne.
*259   Forêt de Fontainebleau.

*260   Effet de soleil (étude).
*261   Coin abandonné.
*262   Un étang.
*263   Etude. Effet de soleil.
*264   Menton (aquarelle).

BOITARD (Justin), né à Saint-Geosmes (Haute-Marne). — 12, rue Faidherbe, Paris.

*265   Lacs au Bois de Boulogne (aquarelle).
*266   Environs de Crécy-en-Brie (aquarelle).
*267   Le soir dans la forêt.
*268   Nids de fauvettes (études) (aquarelle).
*269   Routes de Crécy à la forêt (aquarelle).
*270   Prairie à Voulangis (Seine-et-Marne).

BONNAMY (Louis), né à Meunet-Planches (Indre). — 5, rue d'Alençon, Paris.

*271   Le bord du chemin.
*272   Potiron et cuivres.
*273   Roses:
*274   Fleurs d'automne.
*275   Moisson d'avoine.
*276   Poires.

BONNARD (Pierre), né à Paris. — 65, rue de Douai, Paris.

*277   Jeune fille.
*278   Baignade.
*279   Baignade.

BONNEFOY (Adrien-Adolphe), né à Paris.— 5, avenue Daumesnil, à Saint-Mandé.

280 L'enfant prodigue (triptyque).
281 Portrait de jeune fille.

BONNEFOY (Henry), né à Boulogne-sur-Mer.— 42, rue Fontaine, Paris.

***282** Projet de décoration.
***283** Dans les dunes.
***284** Quatre tableaux ensemble.

BONNET (Auguste-Michel), né à Morières (Vaucluse). — 114, rue du Temple, Paris.

***285** Autour du lac de Saint-Mandé.
***286** Passerelle du lac.
***287** Petit sentier allant au lac.
***288** Un disciple de Bacchus.

BOTKINE (Michel), né à Moscou. — 20, rue Galvani, Paris.

***289** Jeune fille du bac.
***290** Profil d'une chanteuse.
***291** Portrait de Mlle X...
***292** Portrait de Mlle X...
***293** Etude de tête.
***294** Nature morte.

BOTTIN (Médéric), né à Lille. — 15, avenue Rachel, Paris.

*295   Le néflier.
*296   Nature morte (amandes, pêches).
*297   Rue de Montmartre.
*298   Nature morte (choux-fleurs, tomates).

BOUCHE (Jeorge). — 24, rue Morère, Paris.

299   Intérieur.
300   Paysage (parc Montsouris).
301   Nature morte.
302   Pivoines.

COUCHET (Louis-Daniel), né à Paris. — Courseulles-sur-Mer (Calvados).

*303   Courseulles. Le château.
*304   Courseulles. La haie (matin).
*305   La haie rousse.
*306   Inondation (coucher de soleil).
*307   Le moulin de Courseulles.
*308   Courseulles. Le port (givre).

BOUDET (Gustave), né à Paris.— 25, avenue du Maine, Paris.

*309   Le moulin Bayard (Lozère).
*310   La Seine au Petit Andelys.
*311   Vieux moulin à Coudes (Puy-de-Dôme).

BOUDOT-LAMOTTE (Maurice), né à La Fère (Aisne).
56, rue de Dammartin, Mantes-la-Jolie (Seine-et-Oise).

312 Portrait de femme.
313 Portrait d'homme.
*314 Pivoine dans un vase bleu.
*315 Pommes (nature morte).
*316 Dessert (nature morte).

BOULANGER (Mlle Lucienne). — 81, rue Blanche, Boulogne-sur-Mer.

317 Portrait de Mlle Olympe V. R...
*318 Fille au coq.
319 Portrait de M. A....
320 Silhouette de Mme B...
321 Silhouette de Mlle Léo B...

BOULANGER (Louis-René), né à Paris. — 11, rue des Capucines, Belley (Ain).

*322 Coin de ruelle à Pérouge (Ain).
*323 Chazey (Ain). Fin de journée.
*324 Masures à Cordon (Ain).
325 Coin de village Prossillon (Ain).
*326 Marais près Belley (Ain).
*327 Vieux saules, Bognien (Ain).

BOURGEOIS (Alfred), né à Paris. — 34, rue Fessart, Paris.

*328 Salençon (Morvan).
*329 La Fariron (Normandie).

***330** Guersale (Normandie).
***331** Volizie (Morvan).
***332** L'Oise à Bonneville.
***333** Etude.

BOURGEOIS (André), né à Melun. — 19, rue du Val-de-Grâce, Paris.

***334** Salle à manger.
***335** La Seine à Bray (Seine-et-Marne).
***336** Le déjeuner.
***337** Vieux poney.
***338** L'américaine.
***339** Six études de femme.

BOUSQUET (Charles), né à Paris. — 11, rue de La Tour, Paris.

***340** A la pointe de Beg-Meil (Finistère).
***341** Un menhir à Beg-Meil (Finistère).
***342** Une mare dans la forêt de Sénart (Seine-et-Oise).
***343** Mare à Fouesnant (Finistère).
***344** Mare et bouleaux, forêt de Sénart.
***345** La baie de La Forêt, à Beg-Meil (Finistère).

BRÉAL (Auguste), né à Paris. — 73, rue Notre-Dame-des-Champs, Paris.

***346** L'active lingère.
***347** Étude de nu.
***348** La toilette.
***349** L'île Tudy.

BREVET (J.). — 139, rue du Ranelagh, Paris.

350 Matin (vallée du Havre).
351 Grosse mer.
352 Étude de chemin.
353 Laveuses.
354 Un étang à Oudon.
355 Étude de chemin.

BRIAUDEAU (Paul-Charles), né à Nantes. — 21, quai de Bourbon, Paris.

***356** L'Yodet (Bretagne).
***357** Les Ridellières.
***358** Rivière de Lannion.
***359** Chapelle de l'Yodet.
***360** Bruyères.
***361** Fleurs.

BRIN (Emile-Quentin), né à Paris. — 43, boulevard du Château, Neuilly-sur-Seine.

***362** Étude.
***363** Étude.
***364** Etude.
365 Etude (appartient à M. E. Clément).
***366** Étude.
***367** Étude.

BRISSET (Georges-Paul), né à Paris. — Clairière-des-Genêts, Aulnay-sous-Bois (Seine-et-Oise).

368 Les Pommes.
369 Nature morte.
370 Nature morte.

BRISTOWE (Sydney Mme), né à Londres. — Great
Bookhanzurrey (Angleterre).

371 Mère et enfants.

REYMOND-DE BROUTELLES, né à Genève. — 15,
boulevard Saint-Michel, Paris.

***372** L'alchimiste (huile).
***373** Marais salants (huile).
374 L'alchimiste (plâtre).

LE BRUN (Georges), né à Vouviers. — 7, rue du Châ-
telet, Vouviers (Belgique).

***375** Notre-Dame-de-Paris.

BRUNELLESCHI (Umbert), né à Florence. — 9, rue
Campagne-Première, Paris.

***376** Portraits de jeunes filles florentines.
***377** Vieille route, Settignano (Italie).
***378** Gamberaia, Settignano (Italie).
***379** Cipres, Settignano (Italie).
***380** Pastel.

BURGUN (Georges-Marcel), né à Paris. — 32, route
des Moulineaux, Issy-les-Moulineaux (Seine).

381 La Seine à Issy.
382 Bas-Meudon.
383 Bas-Meudon.
384 Cour de ferme (étude).
385 La Marne (étude).
386 Marabout Sidi Djilali (Oran).

BUTLER (Théo-Earl), né aux Etats-Unis. — Giverny,
par Vernon (Eure).

*387   Le pont de Brooklyn.
*388   New-York.
*389   Vue à Giverny.
*390   Vue à Giverny.
*391   Givre.
*392   Etude de mer à Pourville.

CAMOIN (Charles), né à Marseille. — 3, rue des Pyramides, Paris.

*393   La sieste (pastel).
*394   Étude (pastel).
*395   En japonaise (pastel).
*396   Nature morte.
*397   Paysage.
*398   Jeune créole (étude).

CAMOIN (Louis-Fortuné), né à Marseille. — 5o, rue
Sainte-Placide, Paris.

*399   La dame en deuil.
*400   Buste (céramique).
*401   Baiser (étain).
*402   Vide-poche (étain).
*403   Tête de femme (panneau étain).
*404   Cendrier (étain).

CAPONE (Albert), né à Naples. — 9, rue Falguière,
Paris.

405   Pont de Billancourt.
406   Etude à Langrune (Calvados).

CARIOT (Gaston), né à Paris. — Périgny-sur-Yerres, par Mandres (Seine-et-Oise).

LE POÈME DES SAISONS *(Fragments)*

*407 Germinal.
*408 Floréal.
*409 Prairial.
*410 Messidor.
*411 Messidor.
*412 Thermidor.

CARL-MELLIO (Al.), né à Paris. — 25, rue Gay-Lussac, Paris.

*413 Farce d'artiste.
*414 Printemps (le port le matin).
*415 Eté (l'écluse à midi).
*416 Automne (la plage l'après-midi).
*417 Hiver (la plaine le soir).

CARRÉ (Jules-Benjamin), né à Paris. — 74, avenue de la République, Paris.

*418 Rochers et ruisseau.
*419 Dessous de bois.
*420 Ruines (étude).
*421 Soir.

CARRÉ (Raoul), né à Montmorillon. — 12, rue de Navarin, Paris.

*422 Pardon de Sainte Anne de la Pallue.
*423 Procession bretonne.
*424 Sortie d'église.

*425 La marchande de gâteaux.
*426 La Cité (Londres).
*427 Enfants au parc Monceau.

CASSE (Eugène), né à Nancy. — 41, rue du Fer-à-Moulin, Paris.

*428 La Bièvre (rue des Cordelières).
*429 La Bièvre (île des Singes).
*430 La Bièvre (rue Croulebarbe).
*431 La Bièvre (boulevard du Port-Royal).
*432 La Bièvre (rue Pascal).
*433 La Bièvre (rue Dairiel).

CASTAGNARY (Mlle Gabrielle), née à Saintes. — Chez M. Henri Voisin, 10, rue Eugénie (Saint-Mandé) et au Portail, près Saintes.

*434 Le quai des Roches (le soir, Saintes).
*435 La Charente inonde la prairie.
*436 Etudes dans les Pyrénées (Luchon).

CASTELUCHO (Claudio), né à Barcelone. — 22, rue Boissonade, Paris.

437 Laboureur catalan.
438 En écoutant la musique.
439 Les danseurs.
440 Danseuses.
441 Femme au vent.
442 Bohémienne.

CASTRO (Ernesta-Urban, veuve de H. de), née à
Vienne (Autriche). — 45, rue de la Tour, Paris.

443   Portrait de M. l'Abbé Leblanc, patrologue.
*444   Fantaisie — Une moderne Junon.
*445   Le gui de la Noël.
*446   Entrée d'un sous bois.
*447   Vue prise du parc de Saint-Cloud.

CEDERLUND (Gustaf), né à Stockholm (Suède). —
117, rue Notre-Dame-des-Champs, Paris.

*448   Famille pauvre.
*449   Confidences.
450   Portrait.
*451   Les aveugles.
*452   Dans l'hospice.
*453   Madame la concierge.

CHANAL (Eugène-Louis), né à Bruxelles (Belgique). —
29, rue Boulard, Paris.

454   A l'aube (en Brabant) (pastel).
455   Temps brumeux, fin de jour (en Brabant)
         (pastel).
456   Temps gris (en Brabant) (pastel).
457   Nuage sur la ville (en Brabant) (pastel).
458   Automne (en Brabant) (peinture à l'huile).

CHAPRON (Mme Rita), née à La Rochelle. — Boulogne-
sur-Mer.

*459   Effet de soleil.
*460   Dernière lueur sur les toits.

*461 Place Saint-Jean à Issoudun (Indre).
*462 La maison « du ménage de garçon » le soir.
*463 Plaine en Berry (soir d'orage).
*464 Vieille fontaine.

CHAPUIS (Pierre), né à Paris. — 12, rue de La Condamine, Paris.

*465 Danseurs bretons.
*466 Paysage breton.
*467 Moulin abandonné (Bretagne).
*468 A la Trinité-sur-Mer (Morbihan).
*469 Vieille bretonne.
*470 Le pont de Villiers-sur-Morin.

CHARLOT (Louis), né à Cussy-en-Morvan (Saône-et-Loire. — 5o, rue de Rennes, Paris.

*471 Femme lisant (étude).
*472 Le déjeuner (nature morte).
*473 Le pont des Saints-Pères (effet de neige).
*474 Pommes et marrons (nature morte).
*475 Citrons et amandes (nature morte).
*476 La cour du Dragon (temps gris).

CHARMY (M¹¹ᵉ Emilie), née à Valence. — Rue des Tennerolles, Saint-Cloud (Seine-et-Oise).

*477 Fantaisie.
*478 Tête d'enfant.
*479 Intérieur.
*480 Fantaisie.
*481 Fleurs de cerisiers.
*482 Esquisse.

CHASSEVENT (Louis), né à Paris. — 56, rue de l'Abbé-Groult, Paris.

*483   Route à travers bois.
*484   Clairière.
*485   Châlet du cycle.
*486   Coin de rue.
*487   Chrysantèmes.
*488   Bois.

CHASSING (Ferdinand), né à Bordeaux. — 83 *bis*, boulevard Richard-Lenoir, Paris.

*489   Etude.
*490   Seigles (étude).
*491   Bouleau et pommier en fleurs.
*492   Brume sur l'Oise.
*493   Un bord de l'Oise.
*494   Disiaux à Chapouval.

CHATEIGNON (Ernest), né à Paris. — 47, rue Lannois, Levallois-Perret.

*495   Le lever (pastel).
*496   Neige givrée (pastel).
*497   Le grain de beauté (pastel).
*498   Le 14 juillet (peinture).
*499   Bretonne friant (peinture).
*500   Effet de lumière (peinture).

CHATELLIER (Charles-Edouard), né à Lisieux. — 8, rue de Musset, Paris.

*501   Bretonne de profil.
502   Evêque bénissant.

503 Sablaise assise.
504 Sablaise .debout.
505 Procession à Lancieux.
506 Marin.

CHAUVELON (Gabriel), né à Nantes (Loire-Inférieure).
— 28, rue des Petites-Ecuries, Paris.

507 Les bords de la Sèvre (Clisson).
508 La baie de Samana (République de Saint-
Domingue).

CHÉLIGA-MARYA, né en Pologne. — 22, rue Saint-
Ferdinand, Paris.

***509** La dame en deuil.
510 Un portrait.
***511** L'angelus rouge.
***512** Héloïse.

CHERFILS (Christian), né à Martigny (Manche). —
43, avenue de Wagram, Paris.

513 Chambre d'amour (Biarritz).
514 Le boucan.
515 Modèle au repos.

CHEVALLIER (Fernand), né au Puy (Haute-Loire). —
40, Rue Muller, Paris.

***516** Tigre.
***517** Lion de Nubie.
***518** Lionceaux.
***519** Etudes (paysage).

CHRISTOPHE (Pierre). — 14, impasse Cœur-de-Vey,
Paris.

520 Etude singe (mandrille).
521 Combat (bison et ours).
522 Bull-dog.
523 Chat.
524 Canards.
525 Encrier (grenouilles).

CLARY-BAROUX, 18, rue de Chabrol, Paris.

*526 Chemin d'Argentol au soleil.
*527 Coin de Paris (square des Arènes de Lu-
tèce).
*528 Soleil d'hiver à Noisy-le-Grand.
*529 Chemin d'Auvers à Butry (brume du
soir).
*530 La Tamise (London Bridge).
*531 La Tamise (Tower Bridge).

CLOUART (Albert), né à Rennes. — Perros-Guirec
(Côtes-du-Nord).

*532 Les sécheuses de lichen.
*533 Les faucheurs de varech.
*534 Les pêcheuses de palourdes.
*535 Les coupeurs de fougères.
*536 Les fagoteurs d'ajoncs.
*537 Les brûleurs de goëmons.

COBIANCHI (Iginio), né à Milan (Italie). — 74, rue
Demours, Paris.

*538 Odalisca.
*539 Les nouvelles de matin.

*540   Le petit ruisseau (Italie).
*541   Je t'aime.
*542   Une étoile.
*543   Le lac Magyuir (Italie).

CŒURET (Alfred), né à Paris. — 26, rue de la Tombe-Issoire, Paris.

*544   Fête foraine (temps gris).
*545   Boulevard de Paris (tombée de la nuit).
*546   Hôpital Cochin un jour de visite (effet de soleil).
*547   Fête foraine (rayon de soleil).
*548   Voyage des souverains italiens à Paris, (avenue de l'Opéra, le soir du gala).
*549   Moutons au pâturage.

COINCE (Marguerite), née à Lille (Nord). — 48, rue Exelmans, à Bar-le-Duc (Meuse).

*550   Rive de l'Ornain, à Houdelaincourt (Meuse) (aquarelle fusain).
*551   Tête de cerf (pyrogravure peinte).
*552   Bécasse au repos (pyrogravure peinte).
*553   Chasse au canard (pyrogravure).

NORMAND (Constant), né à Paris. — La Lande, par Beuzeville (Eure).

*554   Bords de la Marne à Chelles (fusain).
*555   Poules (nature morte) (aquarelle).
*556   Paysage à La Lande (peinture).
*557   Vieilles rues de Rouen (plume et lavis).

***558** Moulin au bord de la Calonne (aquarelle).

***559** Paysage à Bazincourt (aquarelle).

CONTANT (Jules), né à Blois. — 89, quai Ulysse-Besnard, Blois (Loir-et-Cher).

***560** Matinée de juillet, Pont-Aven.

***561** Route de Vence, Cagnes.

***562** Le quartier Saint-Anne, Cagnes.

CORDIER (Albert), né à Paris. — La Ferté-sous-Jouarre (Seine-et-Marne).

***563** La Marne et le pont de la ville, vue prise du port à La Ferté-sous-Jouarre.

***564** Chrysanthèmes dans une cruche.

***565** Le pett Morin au vieux moulin de Mourette, près La Ferté-sous-Jouarre.

***566** La route de Besnay à Souvigny, dans l'Allier.

***567** Coucher de soleil sur la Marne à La Ferté-sous-Jouarre (vue prise du pont neuf).

568 La promenade de l'île et les chantiers de meules à La Ferté-sous-Jouarre.

CORGIALEGNO (S.), né à Marseille. — 24, rue Bonaparte, Paris.

***569** Petite ville au bord de l'eau.

***570** Vieilles maisons.

***571** Avant l'orage.

***572** Les pins.

***573** Le soir (Martigues).

***574** Port des Martigues.

COULON (Henri), né à Paris. — 37, rue de Château-
dun, Paris.

575 Le moulin de Vervy (Creuse).
576 La route de Fresselines (Creuse).
577 La Creuse.
578 Le village de Guy-Guillon (Creuse).
579 Aquarelles, Fresselines (Creuse).
580 Aquarelles, la Creuse.

COURCHÉ (Félix), né à Paris. — 20, rue Demarquay,
Paris.

***581** Bacchante aux fleurs.
***582** Bacchante à la coupe.
***583** Faune et bacchante.
***584** Parisienne.
***585** Nature morte.
***586** La servante.

COUSTURIER (Lucie), née à Paris. — 20, rue Théo-
phile-Gautier, Paris.

***587** Fleurs des champs.
***588** Intérieur soleil.
***589** Intérieur.
***590** Fleurs.
***591** Belle-Isnarde, Saint-Tropez.
***592** Les Cannebiers, Saint-Tropez.

DE CRAMER (Olga), née à Ioala (Russie). — 41, rue
Bayen, Paris.

***593** Portrait d'enfant (étude).
***594** Portrait d'enfant (étude).

595 Portrait de fillette.
596 Enfant endormie (étude).

CRISTA (Elisabeth), chez M. Lécluse, née à Paris. —
58, rue de Clichy, Paris.

597 Repos (huile).
598 Dans la semaine (huile).
599 Fin de journée (huile).
600 Coin de village (huile).

CROSS (H.-Edm.), né à Douai. — Le Lavandou (Var).

*601 Canal della Giudecca (Venise).
*602 Canal, temps d'orage (Venise).
*603 Régates (Venise).
*604 Ponte Moro, Rio Grimani (Venise).
*605 Rio di Noale (Venise).
*606 Soleil couchant sur la lagune (Venise).

DABAULT (Henri), né à Niort. — 11, quai aux Fleurs,
Paris.

*607 Anxieuse après l'orage.
*608 L'accident.
*609 Crozan (Creuse).
*610 Crozan (Creuse).

DAMENBERG (Alice), née à Riga (Russie). — 20, rue
D'Assas, Paris.

611 Au bord de l'eau.
612 Poissonnières.

613 Sur la plage.
614 Au Luxembourg.
615 Soir au Luxembourg.
616 Vénitienne.

DARBOUR (Margaret-Mary), né à Florence. — Château d'Uzos, Uzos près Pau (Basses-Pyrénées).

617 Figure à la rose.
618 Jeune femme au manchon.
619 Femme au chapeau d'or.
620 Harmonie noire et bleue.
621 Figure se coiffant.
622 Harmonie jaune et bleue.

DARLL (Max). — 74, avenue de Villiers, Paris.

*623 Etude (huile).
*624 Etude (huile).
*625 Etude (pastel).

DEBORNE (Robert), né à Viviers (Ardèche). — 23, rue Denfert-Rochereau, Paris.

*626 Pivoines.
*627 Petit côteau (environs de Viviers).
628 Portrait.
*629 Côteau de Saint-Julien (environs de Viviers).
*630 Les vignes.
*631 Intérieur.

DEBRAUX (René). — 13 *bis,* rue du Marché, Neuilly-sur Seine.

*632 Dans le Jura (vers le soir).
*633 Les toits de Rouen.
*634 Dans le Jura (temps gris).
*635 Rouen (les péniches).
*636 Rouen (les quais).
*637 Rouen (vue générale) le soir.

DELAHOGUE (Alexis), né à Soissons (Aisne). — 15, rue Grange-Batelière. Paris.

*638 Vaux de Ligny (Yonne).
*639 Quatre études ensemble.
*640 Village de Porte-Goie (Eure).
*641 Entrée du village de Vermoiron (Yonne)
*642 Deux études ensemble (Creuse).
*643 Bords de Creuse.

DELAHOGUE (Eugène), né à Soissons (Aisne). — 15, rue Grange-Batelière, Paris.

*644 Après-midi en juillet.
*645 Quatre études dans un cadre.
*646 Marine, mer Méditerranée.
*647 Etude à Courtry (Seine-et-Marne).
*648 Ferme Thuet à Blandy (Seine-et-Marne)
*649 Etude de saules (Seine-et-Marne).

DÉLANNOY (Aristide), né à Béthune (Pas-de-Calais).
— 88, avenue du Maine, Paris.

    ***650**   Pierre-Maquaire, mineur.
    ***651**   Enfant jouant.
    ***652**   Nature morte.
    ***653**   Route de Longpré (Aube).
    ***654**   Paysage à Montmartin (Aube).
    ***655**   Maison à Montmartin (Aube).

DELAUNAY (Robert), né à Paris. — 15, rue Treilhard,
Paris.

    ***656**   Meules du Berry.
    ***657**   Bords de la Yèvre à Marmagne (Berry).
    ***658**   Meules, effet de soleil dans le brouillard
            (Berry).
    ***659**   Effet de soleil, matin, meules (Berry).
    ***660**   Bords de la Yèvre (Berry).
    ***661**   Concarneau, vu de Beig-Meil (Finistère).

DELECLUSE (É.), né à Paris. — 84, rue Notre-Dame-
des-Champs, Paris.

    ***662**   Barques de Bosham, marée basse.
    ***663**   Le petit chemin de Goshort.
    ***664**   Le moulin de Bosham.
    ***665**   Toover bridge.
    ***666**   Bosham à marée basse.
    ***667**   Marine Stores Bosham.

DELEPOUVE (Henry), né à Versailles. — 7, rue Alfred-de-Vigny, Paris.

*668 Le poil.
*669 Le vieux passeur.
*670 Chez le bistro.
*671 Cendrillon.
*672 La vieille maison.
*673 Le bel hêtre.

DELESTRE (Eugène), né à Paris. — 7, Villa Méquillet, Neuilly-sur-Seine (Seine).

*674 Solitude (Bretagne).
*675 Environs de Verneuil le soir.
*676 Les régates à Duclair.
*677 La Seine au pont d'Asnières.
*678 Fillette à la chèvre.
*679 Environs de Vernonnet.
*680 Meules à Chantemerle.
*681 Pêcheurs à la ligne.

DELIGNY (Henri-Hubert), né à Huelva (Espagne). — 168, faubourg Saint-Honoré, Paris.

*682 Bains populaires (Florence).
*683 Coucher de soleil (Florence).
*684 Maisons sur l'Arno près Florence.
*685 Le village de Capraia.
*686 Les laveuses de l'escalier de la place Mentana, à Florence.
*687 Vue panoramique (Florence).

DELTOMBE (Paul), né à Catillon (Nord). — 25, rue
Daguerre, Paris.

*688   Nature morte, fruits.
*689   Nature morte, fruits.
*690   Nature morte, fruits.
*691   Le pommier.
*692   Mont-Saint-Eloi.
*693   Nature morte, fruits, légumes, fleurs.

DENIS (Maurice). — 59, rue de Mareil, Saint-Germain-
en-Laye.

*694   Plage au Cerf-volant.
*695   Souvenir de Noirmoutiers.
*696   Distribution des prix.
*697   Procession (Fête-Dieu).
*698   Caresse maternelle.
 699   Étude de tête.

DENIS-VALVÉRANE (Louis), né à Manosque (Basses-
Alpes). — 2, boulevard Morland, Paris.

*700   L'abrivade (Camargue).
*701   Dans les collines.
*702   Route provençale.
*703   L'ermite de Saint-Brancaï.
*704   Olivier.
*705   Un « gardian ».

DÉPLANTÉ (Mme Berthe), née à Paris. — 41, rue de
Neuilly, à Clichy (Seine).

706 Sainte Wandru, Cathédrale de Mons, (Belgique).
707 Chœur de Sainte-Wandru.
708 Nef droite de Sainte-Wandru.
709 Vieux toits belges.
710 Paysage.
711 Dessins.

DEROUSSE (Blanche), née à Paris. — 78, rue du faubourg-Saint-Denis, Paris.

*712 Dalhias.
*713 Artichauts et tomates.
*714 Pavots et capucines.
*715 Soucis et raisins.
*716 Sacristain de campagne.

DERVAUX (Adolphe), né à Paris. — 96, avenue de
Versailles, Paris.

717 A Géménos (7 aquarelles).
718 6 aquarelles.
719 La plaine (2 aquarelles).
720 2 aquarelles.
721 4 aquarelles.
722 A Nesles-la-Vallée (2 aquarelles).

DERVAUX (Eugène), né à Saint-Germain-en-Laye. — 22, rue du Vieil-Abreuvoir, Saint-Germaint-en-Laye (Seine-et-Oise).

*723 Un atelier (étude).
*724 Eglise de Poissy (le soir).
*725 La rue aux Ours, 14 Juillet.
*726 Le Leshaeh (après la pluie).
*727 Etude.
*728 Laveuses.

DESGENÉTAIS (Mme Marie), née à Versailles. — 166, avenue Victor-Hugo, Paris.

*729 Vieille femme.
*730 Après l'allaitement.
*731 Etude de nu.
*732 Étude.
*733 Demi-sommeil.
*734 Profil d'enfant.

DESTABLE (J.-B.-Frédéric), né à Rethel (Ardennes). — 2, rue Ambroise-Paré, Paris.

735 A Wimereux.
736 Nature morte.

DETROY (Léon). — Chez M. Bélin, 29, quai Voltaire, Paris.

737 Versailles (le dernier nuage rose).
738 Bruges (quai Vert).
739 Venise.

740 Gargilesse (l'écluse).
741 Bordiglierra (le Sasso).
742 Venise (le matin).

DEVARENNE (Anatole), né à Andeville (Oise). —
Andeville (Oise).

*743 Fruits d'hiver.
*744 Nature morte.
*745 Mon jardin (paysage).

DEVINAT (François), né à Chaumont-s-Yonne (Yonne).
20, rue Franklin, St-Germain-en-Laye (Seine-et-Oise).

*746 Hutte de bûcheron (étoile Lamark, forêt de
Saint-Germain).
*747 Allée Henri IV (parterre de Saint-Germain-
en-Laye).
*748 La mare aux canes (forêt de Saint-Ger-
main-en-Laye).

DEVILLE (Jean). — 161, boulevard Montparnasse,
Paris.

*749 Portrait.
Le ciel et l'eau (paysages de Bresse).
*750 Lisière de village.
*751 La maison du garde.
*752 Un marais à l'automne.
*753 Le gros arbre.
*754 Keepsake.

DEZAUNAY (Emile), né à Nantes. — 15, villa Méquillet, Neuilly-sur-Seine.

*755 Côtes de Ploumanach.
*756 Saint-Cloud.
*757 Pont Bineau.
*758 Port de Camaret.
*759 Marché aux chevaux (Auray).
*760 Paysage à Trégastel (Bretagne).

DÉZIRÉ (Henry), né à Libourne (Gironde). — 41, rue
de Seine, Paris.

*761 Le parc de Saint-Cloud.
*762 Le Bas-Meudon.
*763 Démolitions dans la rue de l'Ecole-de-
Médecine.
*764 Etude de femme.
*765 Bords de la Marne.

DIANA (Antonio-Castelucho), né à Barcelone (Espagne).
— 8, rue Charles-Divry, Paris.

*766 Fleurs.
*767 Retour.
*768 Le Pont-Neuf.
*769 Soleil couchant.
*770 Étude.
*771 Le public intelligent.

DIRIKS (Edvard), né à Christiania. — 18, rue Boissonade, Paris.

*772 Fleurs.
*773 Nuages (Norvège).

*774 Villa sous les pins (Norvège).
*775 Marine, décembre (Norvège).
*776 La promenade (Norvège).
*777 Le ponton en hiver (Norvège).

VAN DER DOES (Gustave), né à La Haye (Hollande).
— Villa Pourlique, Auvers-sur-Oise.

*778 L'Oise.
*779 La neige.
*780 Jeune fille hollandaise.
*781 Intérieur.
*782 Paysage.

DORIGNAC (Jorge), né à Bordeaux. — 15, Grande-
Rue, à Sèvres (Seine-et-Oise).

*783 Portrait de jeune femme.
*784 Buste de fillette.
*785 Jeune mère allaitant son enfant.
*786 Aquarelle.
*787 Fleurs.
*788 Fillette lisant.

DRUARD (Paul), né à Pierre (Saône-et-Loire). —
23, quai Bourbon, Paris.

*789 Femme couchée.
*790 Soir.
*791 Après le bain.
*792 A l'ombre.
*793 A la source (projet).

DUBÊCHOT (Marius), né à Paris. — Hôtel des Invalides, Paris.

 *794 Lucerne (la Zeitturm).
 *795 Lac de Sarnen et Brünig.
 *796 Maison à Sachseln (Suisse).
 *797 Lac des Quatre-Cantons (Le Mont-Pilate).
 *798 Vue du Lac des Quatre-Cantons (matin).
 *799 Vue du Lac des Quatre-Cantons.

DUBUISSON (Albert), né à Rouen. — 53, rue de Bourgogne, Paris.

 *800 Lagny.
 *801 Les Tuileries.
 *802 Sous bois.
 *803 Campagne.

DUCROT (Victor), né à Lyon. — 7, chemin des Fonts, à Sainte-Foy-lès-Lyon (Rhône) et villa Blandine, à Juan-les-Pins (Alpes-Maritimes).

 *804 Les pins du cap d'Antibes.
 *805 Dans les fleurs (intérieur de villa à Juan-les-Pins).
 *806 Une bergerie en Provence.
 *807 Le soir au cap d'Antibes.
 *808 Vue de Cagnes.

DUFRENOY (Léon-Georges), né à Thiais (Seine). — 21, quai Bourbon, Paris.

 *809 Nature morte.
 *810 Paysage parisien (au Marais).

*811 Rue Geoffroy-l'Asnier.
*812 Coin du Pont Neuf.
*813 Nature morte.
*814 L'île Saint-Georges (Venise).

DUFY (Raoul), né au Havre. — 31, quai de Bourbon, Paris.

*815 Le pont Louis-Philippe.
*816 Le pont Louis-Philippe.
*817 Le pont Louis-Philippe.
*818 La rue Lepic.
*819 Le quai de l'Hôtel-de-Ville.
*820 A table.

DUHAY (Eugène), né à Gonesse (Seine-et-Oise). — 10, rue de Bois-Colombes, Gennevilliers (Seine).

*821 Femme jouant de la mandoline.
*822 Étude (aquarelle).

DUPONT (Victor), né à Boulogne-sur-Mer. — 2, passage Dantzig.

*823 L'arc-en-ciel.
*824 Le banc des vieilles.
*825 La mansarde.
*826 Matinée de printemps.
*827 Maternité.
*828 Enfant jouant.

DURAND (Joannès).— 58, rue de la République, Lyon.

- ***829** Bar.
- ***830** Fleurs.
- ***831** Étude.
- ***832** Paysage.
- ***833** Paysage.
- ***834** Paysage.

DURAY (Emile), né à Bruxelles (Français). — 9, rue Bleue, Paris.

- ***835** Les maisons dans l'eau.
- ***836** La chapelle du Mont-Saint-Michel.
- ***837** Soleil couchant.
- ***838** Le mendiant.
- **839** Fermes à Montigny. Appartient à M. A. Lévy.
- ***840** La mare aux Fées.

DUSOUCHET (Léon-Pierre), né à Versailles. — 1, rue du Cambodge et 4, rue de l'Indre, Paris.

- ***841** Coin de jardin l'été.
- ***842** Romainville (automne).
- ***843** La rue de Malassis (soleil d'automne).
- ***844** Chrysanthèmes (étude).
- ***845** Saint-Séverin après-midi (janvier).
- ***846** Bagnolet (soir).

DUVAL-GOZLAN (Léon), né à Paris. — 41, rue de la Tour-d'Auvergne, Paris.

- ***847** Canal (étang de Berre).
- ***848** Maison de pêcheurs (étang de Berre).

***849** Golfe Juan.
***850** Golfe Juan. Le port.
***851** Rue à Antibes.
***852** Le petit Biarritz, près Cannes.

ELEN MIA, né à Paris. — 23, boulevard Gouvion-St-Cyr, Paris.

***853** Etude de roses.
***854** Mauves.
***855** Roses blanches (pastel).
***856** Etude de petit chien (fusain).
***857** Aubépines et lilas blanc.
***858** Broderie sur toile (hortensias).

ERDÈS (Léo-Paul), né à Paris. — 18, impasse du Maine, Paris.

***859** Portrait.
***860** Portrait.
***861** Le réveil.
***862** Le fonds de Chaville.
***863** Les meules.
***864** Bords de la Juine.

ESPAGNAT (Georges d'), né à Paris. — A Vernouillet (Seine-et-Oise).

865 La paisible journée.

EUSTACHE (Sylla), né à Paris. — 18, rue Daunou, Paris.

    *866   Dinan (Belgique) (pastel).
    *867   Saint-Cucufa (fusain).
    *868   Ile de Croissy (pastel).
    *869   Environs d'Orgemont (pastel).
    *870   Environs de Sens (étude aux crayons Raffaëlli).
    *871   Le moulin à Trianon (pastel).

FABER DU FAUR (Hans von), né à Stuttgart. — 83, rue Notre-Dame-des-Champs, Paris.

    372   Portrait de dame.
    873   Portrait d'enfant.
    874   Italienne.
    875   Portrait d'enfant.
    876   Portrait d'enfant.

FAUCONNIER (Henri), né à Hesdin (Pas-de-Calais). — 30, avenue du Maine, Paris.

    *877   Les « fortifs » à Paris.
    *878   Le Pont-Neuf (soleil d'hiver).
    *879   La Seine au bras de la Monnaie.

FESNEAU (Auguste-Henry), né à Paris. — 18, avenue Philippe-Auguste, Paris.

    *880   La Tamise à Londres (Tower bridge).
    *881   Entrée du port de La Rochelle.
    *882   Le palais du Parlement (Londres).

*883 Coucher de soleil à La Rochelle.
*884 La Tamise à Wolwich (coucher de soleil).
*885 Tower bridge, Londres (crépuscule).

FLEURY (Georges-Pierre), né à Paris. — 44, rue des Bois, Paris.

*886 Fleurs (sur une table).
*887 Fleurs (coin d'atelier).
*888 Les rosiers de mon voisin.

FLORÈS (Ricardo-Georges), né à Alençon. — 18, impasse du Maine, Paris.

*889 Croquis de Bretagne.
*890 La route de Bélon (Finistère).
*891 Bélon.
*892 Moulin à Kergroës (Finistère).
*893 Moulin à Kersal (Finistère).
*894 Bretonne de Moëlan (Finistère).

FLOUR (Jules), né à Avignon. — 83, rue de la Tombe-Issoire, Paris.

*895 Matinée d'hiver.
*896 Aurore.
*897 Jeune fille aux cheveux roux.
*898 Sous bois.
*899 Allée de jardin (automne).
*900 Oliviers et abricotier (automne).

FOUNTAINE (Raphaël-Auguste), né à Paris. — Cernay-la-Ville, villa Cérès,

*901 Calme du soir.
*902 Le vieux chemineau.
*903 La neige à Senlisse.
*904 L'étang.

FOURNIER (Marcel), né à Chantelle (Allier). — 15, rue Hégésippe-Moreau, Paris.

*905 Glaneuse au crépuscule.
*906 Marché aux légumes en Bourbonnais.
*907 Marché aux laines en Bourbonnais.
*908 Soleil d'hiver (le matin).
*909 Les moissons.
*910 Soleil d'hiver (le soir).

FOURNIER (Victor), né à Paris. — 19, rue Clauzel, Paris.

*911 Sous la tente nocturne.
*912 Saint-Cloud (automne).
*913 Châtaigniers (au Périgord).
*914 Une pagne bretonne.
*915 Repas champêtre.
*916 Vieux quartier de Périgueux.

DE LA FOURNIÈRE (G.-M.-J.), né à Glaimes (Marne). — 4, cité d'Antin, Brest (Finistère).

*917 Le ruisseau.
*918 Le soir.

*919 Pêcheurs au large.
*920 Vieux fumeur.
921 Flirt (étude).

FOURREAU (Armand-Félix), né à Neuilly-sur-Seine.—
16, rue de Siam, Paris.

*922 Soleil couchant à Aix (aquarelle).
*923 Souvenir du lac Léman (aquarelle).
*924 Sur le mont Revard (aquarelle).
*925 Mouxy-sur-Aix (aquarelle).
*926 Souvenir du lac du Bourget (aquarelle).
*927 Le Revard à Mouxy (aquarelle).

FRANCK (Gemma), né à Liège. — 53, rue Lauriston,
Paris.

*928 Parc Monceau.
*929 Coin du Parc Monceau.
*930 Grille du Parc Monceau.
*931 Chemin dans l'île du bois de Boulogne.
*932 Jardin du Trocadéro.

FRANÇOIS (Pierre-Antoine), né à Paris. — 29, avenue
de Châtillon, Paris.

933 Chrysantèmes.
934 Cuivres et étain.
935 Chapelle de la vierge, église de Bernières-
sur-Mer.
936 Tamaris (dunes de Bernières-sur-Mer).
937 Gros temps (Bernières-sur-Mer).

FRÉMONT (Suzanne), née à Châtillon-Bagneux. —
42, rue Raynouard, Paris.

    *938 La lande du Crac.
    *939 Porche de la Clarté.
    *940 Eglise de la Clarté.
    *941 Chinoiseries.
    *942 Nature morte.

FRÈRE (Samuel), né à Rouen. — 19, rue de Crosne,
Rouen.

    *943 Verger normand.
    *944 Chemin de grève à Trégastel.
    *945 Village breton.
    *946 Environs de Rouen.
    *947 Grève blanche à Trégastel.
    *948 Les foins.

FRESNAYE (Adrien), né à Marenla (Pas-de-Calais). —
41, rue Saint-Placide, Paris.

    *949 Parc Monceau.
    *950 Montée Saint-Firmin (Montreuil-sur-Mer).
    *951 Les Tuileries.
    *952 Paysages.
    *953 Mare Saint-Leu.
    *954 Mare Saint-Leu.

FRIEDRICH (M.), né à Breslau. — 1, rue Leclerc,
Paris.

    *955 Tête d'enfant.
    *956 Intérieur breton (I).

***957** Fermière en blouse rouge.
***958** Marine.
***959** Vieux pêcheur.
***960** Intérieur breton (II).

FRIESZ (E.-Othon), né au Havre. — 15, place Dauphine, Paris.

***961** Soir de juin (Paris).
***962** Le rocher de la Fileuse.
963 Le chemin (Normandie). Appartient à M. R...
***964** La vieille ville (soleil du matin).
***965** Le marché (étude de foule, Normandie).

FROBERVILLE (J. de). — 240, boulev. Raspail, Paris.

***966** Rivière (peinture).
967 Portrait (aquarelle).
968 Portrait (dessin).
***969** Femmes (dessin).

FUTTER (David-Thomas), né aux Etats-Unis d'Amérique. — 24, rue Pigalle, Paris.

970 Un comptoir de pelleterie dans l'Amérique du Nord.

GARDENTY (Georges).— 13, impasse Mousseau, Saint-Ouen (Seine).

***971** Le gouffre (Crozant, Creuse).
***972** Le bain dans la Creuse.
***973** Eté.

974 La petite Marthe (Crozant).
***975** Vallée de la Creuse.
***976** Le rocher de la Fileuse (Crozant).

GASS (Pierre-Louis-Georges), né à Sézanne (Marne). — 61, rue Madame et 15, rue des Lombards, Paris.

***977** Après boire.
***978** Le chemineau.
***979** Le vieux moulin (Moret-sur-Loing).
***980** Vieille porte et vieilles maisons (Moret-sur-Loing).
***981** Le mal, paysage blanc (Sézanne).
***982** Étude au marché (Sézanne).

GATIER (Pierre), né à Toulon. — 1, rue Andrieux, Paris.

983 A Versailles (étude).
984 A Versailles (étude).
985 Étude.
***986** Voilier espagnol.
***987** Débarquement de charbon.
***988** Tristesse.

GAULET (Henry), né à Paris. — 26, chaussée de l'Etang (Saint-Mandé).

***989** Chemin des champs.
***990** Chemin à travers les champs.
***991** Les blés.
992 Les vieilles meules.
***993** Etude.
994 Soleil couchant (étude).

GAUTIER (Gabrielle Mme), née à Paris. — 41, rue de
Seine, Paris.

995   Besançon (la Citadelle).
996   La Gorra (Tunisie).
997   Défilé de Lacluse (Jura).
998   Le cours, à Pontarlier.

GARAY (Henri-Marc), né à Fontenay-aux-Roses (Seine).
— 3, rue Voltaire, Saint-Germain-en-Laye.

*__999__   Falaise (mer du Nord).
*__1000__   La Yungfrau (Suisse).
*__1001__   Sur les bords de la Baltique.
*__1002__   Le solitaire.
*__1003__   Clair de lune.
*__1004__   Au cap Martin.

GERHARDI (Ida), née à Hagen (Westphalie). — 12, rue
de la Grande-Chaumière, Paris.

*__1005__   Scène de danse.
*__1006__   Scène de danse.
__1007__   Portrait de Mme la baronne de Riau.
*__1008__   Scène de danse.
*__1009__   Scène de danse.
*__1010__   La Saint-Sylvestre 1903 chez Bullier.

GERMAGNE (Emile), ne à Paris. — 328, rue Saint-
Jacques, Paris.

1011   Femme au coquelicot (pastel).
1012   Étude (pastel).
1013   Ballerine (pastel).
1014   Le hangar.

GIBAUT (Maxime), né à Bois-le-Roi (Seine-et-Marne).
— Bois-le-Roi (Seine-et-Marne).

*1015   Entrecôte.

GIERCKENS (Félix), né à Paris. — 22, avenue de
l'Observatoire, Paris.

1016   Automne.
1017   Paysage.
1018   Marine.
1019   Paysage.
1020   Belle île Goulfac.

GIGAULT (Maurice), né à Paris. — 4, rue Denis-Papin,
Asnières (Seine).

*1021   Femme à sa toilette.
*1022   Tête de jeune fille.
*1023   Plage normande.
*1024   Nature morte.

GIESSENDORFF (Mme Maria de), née à Vienne (Autriche). — 234, boulevard Raspail, Paris.

*1025   Statuette bronze (femme).
1026   Esquisse d'un portrait de miss Geraldine
        Farrar.
        Cadre contenant médailles et plaquettes
        en bronze :
*1027   Vieille femme.
1028   Maria.
*1029   Alice.
*1030   Blanche.

GILLES (Louis-Eugène), né à Rio de Janeiro (Brésil).
— A Marlotte (Seine-et-Marne).

*1031 Roulottes au repos à Ligny (Yonne).
*1032 Porte de Bourgogne à Moret (S.-et-M.),
*1033 Vieille cour à Ligny (Yonne).
*1034 Paysage à Varces (Isère).
*1035 Mare à Moret (Seine-et-Marne).
*1036 Pendant la moisson à Marlotte (S.-et-M.).

GIRIEUD (Pierre), né à Paris. — 113, rue Caulaincourt, Paris.

*1037 Hortensias.
*1038 Fruits.
*1039 Chrysanthèmes, fond vert.
*1040 Pivoines.
*1041 Chrysanthèmes, fond jaune.
*1042 Dahlias.

GIROT (Frédéric), né à Hanôvre. — Garennes, par Bueil (Eure).

1043 Garennes, route de la Couture.
1044 L'Eure à Garennes.
1045 Bords de l'Eure à Garennes.
1046 Breuilpont (le lavoir du moulin).
1047 Bords de l'Eure à Mérey.
1048 Les prés d'Ivry-la-Bataille (soleil couchant).

GLEIZES (Honoré), né à Capoulet (Ariège). — 5, rue du Calvaire, à Courbevoie (Seine).

1049 L'ancienne gare de la Porte-Maillot.
1050 Effet de soir sur la côte à Courbevoie.

1051 Matinée d'avril (la haie en fleurs).
1052 Dans les montagnes de la Crète (effet de soir).
1053 La rue de Strasbourg, le soir, à Courbevoie.
1054 Brumes du soir dans les montagnes.

GOBILLARD (Mlle Paule), née à Quimperlé. — 40, rue de Villejust, Paris.

1055 Portrait de Mme J. V...
1056 Jeune femme cousant.
***1057** Nature morte.
***1058** Sous bois à Pont-Aveu.
***1059** Fleurs.
***1060** Au jardin (aquarelle).

GODIN (Georges), né à Paris. — 38, rue Voltaire, Saint-Germain-en-Laye.

1061 A Saint-Ouen (neige et boue).
***1062** A Courbevoie (la débâcle).
***1063** La Seine au Pont-Royal (crépuscule).
1064 Port d'Audierne (l'heure de la soupe).
***1065** La place de la Bourse (nuit).
1066 Coucher de soleil derrière Notre-Dame.

GOFFLIET (Léopold), né à Cracovie (Pologne). — 83, boulevard Montparnasse, Paris.

***1067** Mélancolie.
***1068** Portrait d'homme.
***1069** Portrait d'homme.
***1070** Le pont (lithographie).

DE GOURCUFF (Gotte-J.), né à Nantes. — 27, rue de
l'Orangerie, Versailles (Seine-et-Oise).

*1071   Le golfe (soir).
*1072   Le vieux port.
*1073   L'avenue des Trembles.
*1074   Etude.
*1075   La lisière à l'automne.
*1076   Etude.

GOSSELIN (Louise), néc à Paris.— 18, rue Le Peletier,
Paris.

 *1077   Portrait d'enfant.
 *1078   Tète d'enfant.
  1079   Portrait de Mme S...

GRASS-MICK (Augustin-Georges), né à Paris. —
67, rue Lepic, Paris.

 1080   Moulin de la Galette (Cake-Walk).
 1081   Avant l'arrivée d'Edouard VII (la foule).
 1082   Un coin de fête (place Blanche).
 1083   Portrait de M. L... (sculpteur).
 1084   La bouche de chaleur.
 1085   Femme au fauteuil (étude).

GREUILLET (Mme Marie), née à Paris. — 47, rue
Blomet, Paris.

 1086   Portrait.
*1087   La source (éventail aquarelle).
 1088   Portrait.

*1089   Le vieux tailleur.
*1090   Une petite aquarelliste (aquarelle).
*1091   La sieste.

GUÉRIN (Charles), né à Sens (Yonne). — 14, rue Boissonnade, Paris.

*1092   Tête d'homme.
*1093   Le bal.
*1094   La conversation dans le jardin.
*1095   La petite source.
*1096   L'amour aux pays chauds.
*1097   Tête de jeune fille.

GUÉROULT (Maurice), né à Paris. — 7, square Alboni,
   Paris.

*1098   Femme sur son lit.
*1099   Course d'automobiles.
 1100   Portrait de M. E. H...
*1101   Femme accroupie.
*1102   Femme sortant du bain.
*1103   Femme près du feu.

GUILLEMONAT (Gabriel), né à Paris. — 10, rue des
   Gobelets, à Orléans.

*1104   Chemin de fer de ceinture à Vaugirard.
*1105   Monument de Delacroix (Jardin du
          Luxembourg.
*1106   Coucher de soleil sur la mer.
*1107   Jardin du Luxembourg.
*1108   Rives de la Seine (matin).
*1109   La rue Saint-Sulpice (après la pluie).

GUILLOTS (Victor), né à Darnétal, près Rouen (Seine-Inférieure). — 5, rue Malebranche, Paris.

*1110 L'étang.
*1111 Chemin sous bois.
*1112 Village de Fenestre, près la Bourboule (Puy-de-Dôme).
*1113 La Roque, près Les Andelys (Eure).
*1114 Morsang-sur-Seine (Seine-et-Oise).
*1115 Un coin de bois de Sèvres (Seine-et-Oise).

HAUGE (Mlle Marie), né à Drammen (Norvège). — 59, rue de Vaugirard, Paris.

*1116 Dans le berceau.
*1117 Bons amis (Norvège).
*1118 Portrait de M. R. B...

HANRIOT (Jules-Armand), né à Arpajon. — 10, rue Frochot, Paris.

*1119 Le miroir de la Sirène.
*1120 Farniente.
*1121 Esquisse pour un panneau décoratif.
 1122 Portrait de Maxime.
*1123 Nymphe des bois.
*1124 Falaises à Morgat.

HAZLEDINE (Alfred), né à Mold. — 224, rue Verte, Bruxelles (Belgique).

*1125 Les moulins à Bruges.
*1126 La maison verte.
*1127 Intérieur rustique.

*1128 Crépuscule.
*1129 Petit canal, à Bruges.
*1130 Coucher de soleil.

HEATH (Eller-Maurice), né à Londres. — 73, rue
Notre-Dame-des-Champs, Paris.

*1137 Pins d'Ecosse par vent d'ouest.
*1138 Pins par temps gris.
*1139 Vieux chêne.
*1140 Le liseur.

HÉBERT (Françis), né à Cherbourg. — 48, rue Jacob,
Paris.

*1141 Portrait de Mme S. M...
*1142 Mimosa.
*1143 Sous la lampe.
*1144 Grelot.
*1145 Dessins.
*1146 Le couteau de M. Laloux.

HÉLIS (Henri). — 30, rue Vernier, Paris.

*1147 La Seine.
*1148 Bateau.
*1149 La place du Bourg (Bruges).
*1150 Allée à Ypres.
*1151 Le béguinage de Bruges.

HÉNAULT (Jules), né à Valence-en-Brie (Seine-et-Marne). — 38, rue Rochechouart, Paris.

*1152   La moisson avant l'orage.
*1153   Soleil couchant,
*1154   Bords de l'Eure, temps gris.
*1155   L'Eure à Chambray.
*1156   Le ruisseau.
*1157   Le petit pont à Fontaine-sous-Jouy.

HEPP (Pierre), né à Versailles. — 5o, rue Duplessis, Versailles.

1158   Le temple. Appart. à M. Georges Ancey.
1159   Le vase. Appartient à M. J.-L. Vaudoyer.
1160   Les Hermès. Appartient à Mme Suzanne Desprès.
*1161   Le héros oublié.
1162   Coin de parc (dessin).
1163   Variation sur Versailles (dessin décoratif).

HERVÉ (Julien), né à La Basse-Indre (Loire-Inférieure). — 9, rue Blainville, Paris.

*1164   Expressionnisme. La tentation de Saint-Antoine.
*1165   Expressionnisme. L'expert.
*1166   Au Croisic, clair de lune.
*1167   Au Croisic, clair de lune.
*1168   Au Croisic, clair de lune.
*1169   Au Croisic, clair de lune.

HOCQUARD (Emile), né à Nancy (Meurthe-et-Moselle).
— 14, avenue du Château, Maisons-Laffitte (Seine-et-
Oise).

*1170   Vallée des Eluas.
*1171   Pont de Maisons-Laffitte.
*1172   Etang de Ste-Perine (forêt de Compiègne).
*1173   Vallée de l'Automne (Oise).
*1174   Bords de l'Automne.
*1175   Nature morte.

HŒTGER (Bernhard), né à Hœrde (Allemagne). —
65, rue Lepic, Paris.]

*1176   Tête d'homme (exemplaire en bronze).
 1177   Sans travail (plâtre original). Appartient
        à M. le docteur Rehns.
*1178   Chanteurs ambulants (plâtre original).
 1179   Baigneuse (plâtre original). Appartient à
        M. le docteur Rehns.

HOFMANN (Ludwig von). — 18, allée du Belvédère,
Weimar.

 1180   Danse.
 1181   Danse.
 1182   Danse.
 1183   Danse.
*1184   Fantôme.
 1185   Enfants et chevaux.

HOURTAL (Henri), né à Carcassonne. — 13, rue Le-verrier, Paris.

*1186   Jeune femme s'exerçant à danser.
*1187   Femme debout.
*1188   Femme assise.
*1189   Ouvrières.
*1190   Coin de cour.
*1191   Paysage (composition décorative).

HUBERT-SAUZEAU (J.-G.), né à Prahecq (Deux-Sèvres). — 8, rue Méchain, Paris et à Saint-Maixent (Deux-Sèvres).

*1192   Étude de vacances.
*1193   Étude de vacances.
*1194   Étude de vacances.
*1195   La toilette.
*1196   Les promesses.
1197   Portrait en costume empire. Appartient à Mme N.

HUGONNET (Aloys), né à Morges. — 10, place d'Italie, Paris.

*1198   La cocarde.
*1199   Toit rouge dans la saulaie.
*1200   Le ruban de velours.
*1201   Soleil d'hiver.
*1202   Clairière.

HUGONNOT (Léon), né à Belleherbe (Doubs). — 298, rue de Belleville, Paris.

    *1203   Val de Cusance (Doubs).
    *1204   Source du Cusancin.
    *1205   L'automne (forêt de Sénart).
    *1206   Soleil d'hiver (lac des Minimes).
    *1207   Rue du Mont-Cenis, à Montmartre.
    *1208   La Seine au Pont-au-Change.

IGOUNET DE VILLERS (Charles-André), né à Paris. — 33, rue Saint-Roch, Paris.

    *1209   Un matin au Pont-Neuf (étude).
    *1210   La Seine, vue du Pont-Royal (étude).
    *1211   Le Pont-Neuf, brouillard et soleil (étude).
    *1212   Le canal de l'Ourq, le soir (étude).
    *1213   La rue du Plessis-Piquet (Clamart) (étude).
    *1214   Une arche du Pont-Neuf (étude).

JAMOT (Paul), né à Paris. — 11 *bis*, avenue de Ségur, Paris.

    *1215   Villerville.
    *1216   Venise, couchant orange.
    *1217   Venise, couchant bleu.
    *1218   Venise, couchant noir.
    *1219   Venise, San Francisco del Deserto.
    *1220   Seelisberg, clair de lune.

JARDIN (Léon), né à Paris. — 20, rue des Archives, Paris.

    1221   Paysage.

JAUDIN (Henri), né à Paris. — 35, rue des Arts, à
Levallois-Perret (Seine).

    *1222   Albertville.
    *1223   Saint-Lô (matin).
    *1224   Jouy-le-Moustier (matin).
    *1225   La Roche-Guyon (effet de lune).
    *1226   Mantes (effet de lune).
    *1227   Barque de pêche.

JEANDIN (Eugène), né à Paris. — 72 *bis*, boulevard de
Champigny, au parc Saint-Maur (Seine).

    1228   La Marne à Champigny.
    1229   La Marne à Champigny (automne).
    1230   Le chat et le homard (drame en 3 ...tableaux).

JEANNOT (Joseph-Clément), né à Ornans (Doubs). —
Marlotte (Seine-et-Marne).

    *1231   Moulin Brigand.
    *1232   Eaux courantes de la Creuse.
    *1233   Cascade sur la Sedelle.
    *1234   Crozant (brouillard).
    *1235   Gorges de la Creuse (givre).
    *1236   Vallée de la Creuse (brouillard levant).

JOLY (Mlle Jhane), né à Marcigny (Saône-et-Loire). —
22, rue Tourlagne, Paris.

    *1237   Vallon de Greslong (Loire).
    *1238   Falaise d'Yport.
    *1239   L'Ile d'Or.

JOSEPH (Albert), né à Paris. — 19, quai Saint-Michel, Paris.

*1240 Bord de rivière (contre-soleil du matin).
*1241 Le vieux chêne (contre-soleil du matin).
*1242 Moulin à l'automne.
*1243 Raisseau-sous-Bois (automne).
*1244 Rue de village.
*1245 Coin de jardin (soleil du soir).

JOUBERT (Henri), né à Paris. — 9, rue Fontaine-au-Roi, Paris.

*1246 Nature morte.
*1247 Soirée de juillet à Boùrron (Seine-et-Marne).
*1248 Matinée de juillet à Bourron (S.-et-M.).
*1249 Quai des Vidanges, juillet 1903.
*1250 Matinée de juin à Romainville (Seine).
*1251 Un service verre d'eau (sculpture).

JOURDAIN (Francis), né à Paris. — 5 bis, rue des Prairies, Paris.

*1252 Soir (Paris).
*1253 Neige aux Buttes-Chaumont.
*1254 Neige aux Buttes-Chaumont.
*1255 Soir (Paris).
*1256 La fumée.
*1257 Brouillard.

JUNGBLUTH (Louis-Alfred), né à Trementinnes (Maine-et-Loire). — 62, boulevard de Clichy, Paris.

*1258 Parisienne (terre cuite).
*1259 Gommeuse (cire dure).
*1260 Coup de vent (cire dure).

JUSTE (René), né à Paris. — Marlotte (Seine-et-Marne).

*1261 Le chemin des prés, à Montigny (gelée blanche).
*1262 Montigny-sur-Loing (hiver).
*1263 Gelée blanche à Montigny.
*1264 Pluie.
*1265 Crue du Loing, à Montigny.
*1266 Le Loing, à Nemours.

KAHN (Isabelle), née à Paris. — 1, rue Barye, Paris.

1267 Nature morte.
1268 Paysage.
1269 Paysage.
1270 Objet d'art décoratif.

KONOW (Karl), né en Norvège. — 7, rue Belloni, Paris.

*1271 A la porte du ciel.
*1272 Adam et Eve.
*1273 Effet de lune (Bretagne).
*1274 Jour d'été (Bretagne).
*1275 Le vieux fort, Locmariaquer (Bretagne).
*1276 Vue de Paris.

KARSTEN (Ludvig), né en Norvège. — 13, rue des
Beaux-Arts, Paris.

*1277   Etude pour une Eve.
*1278   Eglise Saint-Germain-des-Prés.
*1279   Dans la rue du village.
*1280   Trois enfants.

KAUFFMANN (Philippe). — 17, avenue Trudaine,
Paris.

*1281   Bords du Tarn (Pas de Souci).
*1282   Bords du Tarn (La Caze).

KÉRÉHON (Louis-Auguste), né à Vannes. — Chez
M. Maumelat, 84, boulevard des Batignolles, Paris.

*1283   Coquelicots.
*1284   Chrysanthèmes.
*1285   La Seine, près Poissy.
*1286   Le vieux puits (Bretagne).
*1287   Dans la montagne (Bretagne).
*1288   Baie de la Forêt (Finistère).

KERST (Maurice), né à Genève. — 7, rue Lallier, Paris.

*1289   Le hameau de Montsoret (Orne).
*1290   La Vée (Orne).
*1291   Le Clos (Orne).
*1292   La Baillée (Orne).
*1293   L'étang de Tessé-Froulay (Orne).
*1294   Vallée de la Vée (Orne).

KISSLING (Eugène), né à Châtenais (Alsace). — 104, rue du Faubourg Saint-Denis, Paris.

*1295 Soleil de mars.
*1296 Soleil d'octobre.
*1297 Dans les rochers (le matin).
*1298 Ruisseau.

KLEIN (Victor), né à Paris. — 24, rue de Pomereu, Paris.

1299 Un peu d'ombre (août 2 heures).
*1300 Matin de mai (Petit-Pont).
*1301 Au soleil couchant (juillet Petit-Pont).
*1302 Après-midi d'août (coquelicots).
*1304 Au soleil couchant (avril genêt).
*1305 Matin d'avril (petit poirier).

KLEINMANN (Mlle Adèle), née à Paris. — 130 bis, boulevard de Clichy.

*1306 Au parc Monceau.
*1307 Le vieux calvaire de la rue l'Ouais (Côtes-du-Nord).
*1308 Bords de la Seine (Maisons-Laffitte).
*1309 Derniers rayons (Port-Marly).
1310 M. K...
1311 Le petit Marcel.

KOROCHANSKY (Michel), né à Odessa. — Montigny-sur-Loing (Seine-et-Marne).

*1312 La mère Julienne.
*1313 La petite herbière.

*1314 Vers le soir.
*1315 Un coin de village.
*1316 Automne.
*1317 Un coin de Montigny-sur-Loing (Seine-et-Marne).

KROHG (Oda), née en Norvège. — 3, rue Bara, Paris.

*1318 Aasta Hansteen, auteur norvégienne.
*1319 Jonas Lie jeune.
*1320 Un petit garçon.
*1321 Lampion.

KROUGLICOFF (Mlle Elisabeth de), née à Saint-Pétersbourg. — 17, rue Boissonnade, Paris.

*1322 Allée, paysage russe.
*1323 Village, paysage russe.
*1324 Automne, paysage russe.
*1325 Première neige, paysage russe.
*1326 Givre à Saint-Pétersbourg, paysage russe.
*1327 Lac de Finlande, paysage russe (aquarelle).

LACOSTE (Charles), né à Floirac (Gironde). — 25, rue Rousselet, Paris.

*1328 Paris, soleil de la fin d'hiver.
*1329 Fumée.
*1330 L'aurore dans le fleuve.
*1331 Automne.
*1332 Orthez. Journées grises (4 panneaux).
*1333 Jardins dans Paris (3 panneaux).

LAFLEUR (Abel), né à Rodez (Aveyron). — 7, rue Montbrun, Paris.

2 cadres contenant des plaquettes bronze, savoir :

*1334 Une plaquette femme aux gants.
*1335 Une plaquette vieille femme.
*1336 Une plaquette femme accoudée.
*1337 Une plaquette portrait de jeune femme.
*1338 Une plaquette femme lisant.
*1339 Une plaquette portrait de Mme A. D.
*1340 Une plaquette femme au manchon (épreuve appartenant au docteur Pautrier).
1341 Une plaquette femme au miroir.
1342 Une plaquette femme au manteau.
1343 Une plaquette femme nue lisant.
*1344 Une statuette vieille femme assise (bronze).
*1345 Une statuette vieille femme debout (bronze).
*1346 Une statuette vieille femme debout (plâtre).

LAMAURY (Georges), né à Rouen. — 78, rue Nationale, Pontivy (Morbihan).

*1347 Ajoncs.
*1348 Landes d'été.
*1349 Chemins creux.
*1350 Vieux château.

LAMOURDEDIEU (Raoul), né à Fauguerolle. — 84, rue Lecourbe, Paris.

1351 Buste-portrait de Mme S...
1352 Cheval de trait.
1353 Statuette femme à l'ombrelle.
1354 Médailles (le trimard).
1355 Plaquette liseuse.

LAMPUÉ (Pierre), né à Montréjeau (Haute-Garonne).
— 72, boulevard du Port-Royal, Paris:

*1356   La ferme de Trémalo à Pont-Aven.
*1357   La Creuse et les ruines de Crozan (Creuse).
*1358   Etudes autour de Crozan (Creuze).

LANOË (Georges), né à Nantes. — 326, rue Saint-Jacques, Paris.

*1359   Etang dans les dunes, Goulven (Finistère).
*1360   Après l'orage à Sainte-Anne, près Brest
         (Finistère).
*1361   Route de Landerneau, près Brest (Finistère).
*1362   Grève de Saint-Marc (Finistère).
*1363   Côte de Plouescat (Finistère).
*1364   Escalier à Recouvrance, Brest (Finistère).

LAPRADE (Pierre), né à Narbonne. — 14, rue Mayet,
Paris.

*1365   Octobre.
*1366   Fin de journée.
*1367   Intérieur.
*1368   Le pensionnat.
*1369   Automne.

LARRAMET (Hilaire), né à Montech (Tarn-et-Garonne).
— 35, rue des Abbesses, Paris.

1370   Portrait de Mlle D...

LASTBOM (Mlle Fanny), née à Osthammar (Suède). —
6, rue Vercingétorix, Paris.

*1371 Rochers (le Pouldu).
*1372 Côtes (le Pouldu).
*1373 Marché à Pont-Aven.
*1374 Devant la cheminée.
*1375 Noce bretonne.
*1376 Deux amies.

LAUNAY (Fabien), décédé.

1377 Femme au tub (appartient à M. de
       Pawlowski).
1378 Portrait (appartient à M. de Pawlowski).
1379 Croquis rehaussés (appartient à M. de
       Pawlowski).
1380 Lavoir à Granville (appartient à M. Viel-
       liard).
1381 Nature morte (soleil) (appartient à M. Viel-
       liard).
1382 Grand portrait (appartient à M. Vielliard).

LAVAUX (Georges), né à Paris. — 36, rue Poccard,
Levallois-Perret (Seine).

*1383 Gelée blanche en automne, chemin de la
        Petite-Eau à La Frette (Seine-et-Oise).
*1384 Chemin du moulin à Aucourt, près Dieppe.
*1385 Courseulles-sur-Mer.
*1386 Courseulles-sur-Mer.
*1387 Bouleaux et geneviers en automne.
*1388 Temps de pluie, vallée du Petit-Morin.

LAY (Auguste), né à Toulouse. — 48, boulevard de Clichy, Paris, et 11, place Lucas, Toulouse.

*1389   Devant les tribunes à Maisons-Laffitte.
*1390   Les marchandes du pont à Toulouse (crépuscule).
*1391   Coucher de soleil (automne).
*1392   Le concert d'Asnières.
*1393   Le port Saint-Sauveur à Toulouse (soleil d'hiver).
*1394   Dans les tribunes à Maisons-Laffitte.

LE BAIL (Louis), né à Evron (Mayenne). — Villennes-sur-Seine (Seine-et-Oise).

*1395   Vieilles maisons à Médan.
*1396   La Seine à Villennes (matin d'été).
*1397   Pommiers en fleurs.
 1398   Un étang dans la Mayenne (appartient à M. Laferté).
*1399   Villennes (effet de neige).
*1400   Antibes (effet du matin).

LEBASQUE (Henri), né à Angers. — Montévrain par Lagny (Seine-et-Marne).

*1401   Coin de jardin.
*1402   Neige.
*1403   Sur l'eau.
*1404   Une rue à Montévrain.
*1405   Pêcheuses.
*1406   Soleil d'hiver.

LE BEAU (Alcide), né à Lorient (Morbihan). — 45, rue de la Tour, Paris.

*1407 Vents d'ouest (île d'Yen).
*1408 Une crique (Morbihan).
*1409 Brume du matin (Morbihan).
*1410 Femme en blanc.
*1411 Les sinagots (Morbihan).
*1412 Les chênes-verts (Noirmoutier).

LE BÈGUE (René), né à Paris. — 15, rue du Delta, Paris.

1413 Venise (esquisse).
1414 Venise (grand canal).
1415 Venise (crépuscule).
1416 Venise (soleil couchant).
1417 Pompéï.

LE BRUN (Georges), né à Verviers (Belgique). — 7, rue du Chatelet, Verviers (Belgique).

1418 Notre-Dame-de-Paris.

LE CONTE (Mme Marie-Jane), née à Paris. — 59, rue Lepic, Paris.

1419 Roses.
*1420 Œillets.
*1421 Cuivre et pommes.
*1422 Roses jaunes.
*1423 Roses et oranges.

LECUIT-MONROY (Paul), né à Paris. — 4, faubourg du Temple, Paris.

*1424 Coin de ferme (Alpes-Maritimes).
*1425 Rêveuse sur la grande rade (Toulon).
*1426 Fin d'été près Toulon.
*1427 L'hiver à El-Kantara.
*1428 Une rue au vieux Biskra.
*1429 Arènes de Fréjus (aquarelle).

LEDOGARD (Georges), né à Jouy-le-Moutier (Seine-et-Oise). — 52, rue Laffite, Paris.

1430 La barrière (a)partient à M. Barthélemy).
1431 Les bords de l'Oise (appartient au docteur Grunberg).
*1432 La plaine d'Ennery.
*1433 Entrée d'Immarmont.

LEFEBVRE (Joseph), né à Saint-Pierre-en-Port. — Saint-Pierre-en-Port (Seine-Inférieure).

*1434 L'arc-en-ciel.
*1435 Le nuage.
*1436 Le crépuscule.
*1437 Oranges.
1438 Ma mère.
*1439 La fête des marins à Saint-Pierre-en-Port.

LE GENDRE (Charles-Félix), né à Poissy (Seine-et-Oise). — 3, rue Voltaire, Saint-Germain-en-Laye (Seine-et-Oise).

*1440 Péniche au port (Bougival).
*1441 Bouquet d'arbres (Ile de Bougival).

*1442   Péniche (Bougival).
*1443   Bouquet d'arbres du bal des canotiers
      (Bougival).
*1444   La maison Maurice (Bougival).
*1445   Une gravure, un tournant de la basse
      Seine (eau-forte).

LEMAIRE (Charles-Louis), né à Ancy-le-Franc (Yonne).
— 60, rue Royale, Versailles.

*1446   Calme du soir, chaumière.
*1447   Village endormi.
*1448   Voûte ensoleillée.
*1449   Nuit d'été.

LE MEILLEUR (Georges), né à Rouen. — 41, rue Bayen,
Paris.

*1450   Le petit Troïeron à Ploumanach.
*1451   Coin de ferme en Normandie.
*1452   Place de la Manufacture à Sèvres.
*1453   La descente de Louannec.
*1454   La pointe de Trestignel (Côtes-du-Nord).
*1455   Vieilles maisons à la clarté (dessin).

LEMMEN (Georges). — 222, rue Verte, Bruxelles.

*1456   Tournesols.
*1457   Nature morte.
*1458   La toute petite.
*1459   Nonchalante.
*1460   Dahlias.
*1461   La frileuse.

LE MOYNE (Joseph), Paris. — Loctudy (Finistère).

*1462 L'Adour à Dax par temps de pluie.
*1463 L'Adour à Dax, effet de soleil.
*1464 L'Adour à Dax, au coucher du soleil.
*1465 La prairie de Kergolven, le matin au soleil.
*1466 La prairie de Kergolven, le matin sous la brume.
*1467 Le grand champ de Kergolven, effet de soleil.

LEMPEREUR (Edmond), né à Oullins (Rhône). — 22, rue Tourlaque, Paris.

*1468 Intérieur.
*1469 Moulin de la Galette.
*1470 Bal de l'Artilleur (île de la Jatte).
*1471 Bal de l'Artilleur (île de la Jatte).
*1472 Coin des arènes (Marseille).
*1473 Au café-concert.

LENOIR (Marcel), né à Montauban. — 83, rue de la Tombe-Issorre, Paris.

1474 Le Christ aux donateurs.
1475 La folie mystique (appartient à Mme Masson).
*1476 Les deux sœurs (crayon).
1477 Portrait de Mme Marius Dupont (crayon).
*1478 Tête de bœuf (étude).
*1479 Bœuf (étude).

LENOIR (Suzanne), née à Paris. — 19, rue de Médicis,
Paris.

1480 Tête d'homme (étude).
1481 Tête de femme (étude).
1482 Notre-Dame et les ponts (soir d'hiver).
1483 Impression de soir (automne).

LE PETIT (A.-M.), né à Fallencourt (Seine-Inférieure).
— 37, rue Lamarck, Paris.

*1484 Le canal à Saint-Quentin (hiver).
*1485 Le quai vert à Bruges.
*1486 Les usines de Rocourt (Aisne).
*1487 Bateau de charbon, à Honfleur.
*1488 Barques de pêche, à Honfleur (crépuscule).
*1489 A Reilly-en-Vexin (Oise) (automne).

LÈRE (L.). — 7, rue du Mail et à Maisons-Laffitte.

*1493 Un effet de neige, forêt de Saint-Germain.
*1494 Le petit bras de la Seine à Maisons-Laffitte.
*1495 Les falaises de Dieppe.

LETELLIER (Charles), né a Paris. — 15, rue Bernouilli,
Paris.

*1496 Lassitude (tête de femme).
*1497 Le repos (nu).

LE THIMONIER (Paul), né à Paris. — 4, villa Chaptal, à Levallois (Seine).

1498 Vieilles caloges.

LEROUX (Louis). — 27, avenue Mac-Mahon, Paris.

1499 L'hiver.
1500 Campagne Saint-Enog (Ille-et-Vilaine).
1501 Saint-Lunaire (Ille-et-Vilaine).
1502 Grève de Saint-Lunaire (Ille-et-Vilaine).
1503 Pommes.

LESCAFETTE (Charles-Joseph), né à Réchésy (Haut-Rhin). — 149, rue d'Alésia, Paris.

*__1504__ Nature morte.
*__1505__ Le petit déjeuner du matin.
*__1506__ Ma cuisine et ma cuisinière.
*__1507__ La ferme de Belmont, près Royan.
*__1508__ Etude au parc Montsouris.
*__1509__ Portrait.

LHOMME (Victor), né à Lille. — 95, rue Jouffroy, Paris.

1510 Portrait de fillette. Appartient à M. J. L.
1511 Portrait. Appartient à M. L. L.
1512 Paysage (coucher de soleil). Appartient à M. J. L.
1513 Portrait. Appartient à M. J. L.

LIBERT (Louis), né à Nantes. — 16, rue Harrougs, Nantes.

 *1514 Enfant prodigue (esquisse). Impressions.
 *1515 Lesage peignant. Impressions.
 *1516 Impressions.
 *1517 Etude. Impressions.
 *1518 Études.
 *1519 Impressions.

LINDLEY (Franck), né à Paris. — Rehon (Meurthe-et-Moselle).

 1520 Matinée de novembre.
 1521 Temps gris.
 1522 Route de Rehon (automne).
 1523 Après-midi (été).

LOMBARD (Gaëtán), né à Paris. — 32, rue Caumartin, Paris.

 *1524 Le Thouet.
 *1525 Bord de rivière.
 *1526 Pruniers en fleurs.
 *1527 Inondation.

LUCE (Maximilien), né à Paris. — 102, rue Boileau, Paris.

 1528 Le peintre H.-Edmond Cross.
 1529 Portrait de Mme Luce.
 1530 Les bords de l'Epte (Eragny).
 1531 Étude. Appartient au docteur Mariam.

1532 Étude. Appartient au docteur Mariam.
1533 Étude. Appartient au docteur Mariam.

LUSTREMANT. — 95, boulevard Saint-Michel, Paris.

1534 Nature morte.
1535 Paysage.
1536 Nature morte.

MADELINE, né à Paris. — 17, quai Voltaire, Paris.

*1537 Entrée de village.
*1538 La Creuse (automne).
*1539 Le ruisseau.
*1540 Temps gris.
*1541 Une ruelle.
*1542 L'automne doré.

MAGLIN (Firmin), né à Paris. — Chantecoq, par la Selle-sur-le-Bied (Loiret).

*1543 Matinée d'automne.
*1544 La ronde des feuilles.
*1545 Coucher de soleil.
*1546 Brume d'automne.
*1547 Soir dans la vallée.
*1548 Étude d'automne.

MAILFAIRE (Louis), né à Paris. — 79, rue de l'Amiral-Roussin, Paris.

1549 Paysage avec animaux (appartient à M. X)
*1550 Paysage.
*1551 Effet d'automne.
*1552 Effet d'automne.

MANCEAU (Paul), né à Loches (Indre-et-Loire). — 94,
boulevard Garibaldi, Paris.

1553 Série de 9 études.
1554 Étude de paysage.
1555 Étude.
1556 Étude.
1557 Étude au Luxembourg.
1558 Coucher de soleil sur le Cher.

MANSON (Ruth), né en Irlande. — 4, rue de la Grande-
Chaumière, Paris.

***1559** Des palais (Venise).
***1560** La Salute (Venise).
***1561** Canal (Venise).
***1562** San Georgio (Venise).

MANGUIN (Henri), né à Paris. — 61, rue Boursault,
Paris.

***1563** Femme cousant (pastel).
***1564** Nature morte (le thé).
***1565** Intérieur, salon (pastel).
***1566** Intérieur, salle à manger (pastel).
***1567** Intérieur (Coulombs).
***1568** Père François.

MARCHAL (Achille-Gaston), né à Saint-Denis (Seine).
— 68, rue Rochechouart, Paris.

***1569** Paysage.
***1570** Paysage.
***1571** Paysage.

*1572 Paysage.
*1573 Paysage.
*1574 Paysage.

MARCHAND (Anatole), né à Nevers (Nièvre). — 43, boulevard d'Italie, Paris.

*1575 Une matinée au parc Montsouris.

MARQUE (Albert), né à Nanterre (Seine-et-Oise). — 62, rue Bargue, Paris.

1576 Buste d'enfant (plâtre).
1577 Tête d'homme (terre cuite).
*1578 Enfants à la poupée (bronze).
      Une vitrine contenant :
*1579 Un groupe d'enfants (bronze).
1580 Un groupe d'enfants (plâtre).
      Un cadre contenant :
*1581 Une médaille, femme et enfants (bronze).
*1582 Une médaille, enfants jouant (bronze).
*1583 Une médaille, ronde d'enfants (bronze).
1584 Un portrait d'homme (terre cuite).
1585 Un portrait d'enfant (terre cuite).
1586 Un portrait femme (bronze).

MARQUE (Maurice), né à Rueil. — 16, rue Violet, Paris.

*1587 Paysage (environs de Paris).
*1588 Paysage (Mézières).

MARQUET (Albert), né à Bordeaux. — 211 *bis*, avenue de Versailles, Paris.

    *1589   Paysage.
    *1590   Marine.
    *1591   Nature morte.
    *1592   Intérieur.
    1593   Effet de neige. Appartient à M. Descaves.

MARRE (Henri), né à Montauban. — 25, place de la Halle, Montauban.

    *1594   Petite place à Saint-Antonin.
    *1595   Une rue le matin (Saint-Antonin).
    *1596   Une rue le soir (Saint-Antonin).
    *1597   En automne (étude de pêchers).
    *1598   En automne (étude de pêchers).
    *1599   Paysage (soir).

MARTIN (Jacques), né à Lyon. — 52, chemin de Baraban.

    *1600   Panneau décoratif.
    *1601   Méditerranée à Anthéore.
    *1602   Fleurs.
    *1603   Poissons.
    *1604   Fruits.
    *1605   Méditerranée à Anthéore.

TERENCE-MARTIN, né à Verdun. — 22, rue du Champ-de-Mars, Paris.

    1606   Puits arabe (appartient à Mme L. M...
    *1607   Une rue de Tunis.
    *1608   Soir à Bordeaux.

MATHAN (Raoul de), né à Albi (Tarn). — 10, rue d'Orchampt, Paris.

- ***1609** Pêcheuses normandes.
- **'1610** Paysanne normande.
- ***1611** Paysan normand.
- ***1612** Poste douanier (Manche).
- ***1613** Paysage maritime (Manche).
- ***1614** Pêcheurs normands, temps calme.

MATISSE (Auguste), né à Nevers. — 2, rue Méchain, Paris.

- ***1615** Marine.
- ***1616** La sainte famille (détrempe).
- ***1617** Marine.
- ***1618** Marine.
- ***1619** Marine.
- ***1620** Marine.

MATISSE (Henri), né à Le Cateau (Nord). — 19, quai Saint-Michel, Paris.

- ***1621** Une allée du bois de Boulogne.
- ***1622** Moine en méditation.
- ***1623** Fleurs.
- ***1624** Le chêne brûlé (Bohain).
- ***1625** Intérieur.
- ***1626** Paysage (Bohain).

MAUPRAT (Henri), né à Paris. — 81, boulevard Saint-Michel, Paris.

- ***1627** Shamrohk et Belianc (les deux mousses).
- ***1628** Le vieux village de Tocqueville.

*1629 Poupées de la mer.
*1630 M. Polyte B..., ancien patron du canot de
      sauvetage.
*1631 Les grèves de rochers de Barfleur.
*1632 L'heure où s'allument les phares.

MAYER (Maxime), né à Paris. — 164, avenue de Versailles, Paris.

1633 Portrait d'enfant.
*1634 Chrysantèmes.
*1635 Roses.
*1636 Violettes et mimosas.
*1637 Honfleur (étude).
*1638 Ferme en Normandie (étude).

MAZARD (Alphonse-Henri), né à Paris. — 117, rue
Notre-Dame-des-Champs, Paris.

*1639 Pleine lune de septembre.
*1640 L'étang.
*1641 Arracheur de pommes de terre.
*1642 L'orage.
*1643 Les meules.
*1644 Basse-cour.

MÉCHAIN, né à Saintes (Charente-Inférieure). — Villa
des Acacias, Clamart (Seine).

*1645 Le sentier (aquarelle).
*1646 Coin d'étang (aquarelle).

BOYER-MENNEGAY (Armand-Amédé), né à Montbé-
liard (Doubs). — 25, boulevard Rochechouart, Paris.

1647 Vue de Moret.
1648 Bateau lavoir à Créteil.
1649 Côtes de Bretagne.
1650 Bords de Marne.

MERODACK-JANEAU. — 9, rue du Val-de-Grâce,
Paris.

*1651 Soir de bal.
*1652 Femme à l'éventail.
*1653 Lydia.
*1654 Une Espagnole.
*1655 Méditation.
*1656 Dessin p. Lydia.

MESNAGE (Regina-Jeanne), née à Montaigu-la-Brisette.
— 48, rue Jacob, Paris.

*1657 La rue Saint-Jacques.
*1658 L'abreuvoir.
*1659 La mare au Hâble.
*1660 Notre-Dame de Paris.
*1661 Le moulin de Tio-Sueur.
*1662 Avoines gerbées.

METCHNIKOFF (Olga), née en Russie. — 18, rue Dutot,
Paris.

1663 Esquisse pour portrait.
1664 Meules à Jayeux.

1665 Sapins des dunes.
1666 Soir, quai à Saint-Valé.
1667 Coquelicots.
1668 Temps pluvieux.

METHEY (André), né à Laisgnes (Côte-d'Or). — 3, rue du Maine, Asnières (Seine) et 114, faubourg St-Honoré, Galerie Druet, Paris.

1669 Vitrine contenant plusieurs objets d'art en grès flammés.

METZINGER (Jean), né à Nantes. — 35, rue Lamartine, Paris.

*__1670__ Roches de Longue (Calvados).
*__1671__ Paysage (Calvados).
*__1672__ Clair de lune (Port en Bessin).
 __1673__ Brouillard au crépuscule (appartient à M. Libauds).
*__1674__ La plaine en fleurs (environs de Caen).
*__1675__ Soleil couchant.

MEUNIÉ (Paul-Henri), né à Paris. — 15, rue Alphonse-de Neuville, Paris.

*__1676__ Sologne, clair de lune.
*__1677__ Sologne, temps gris.
*__1678__ Sologne, l'étang.
*__1679__ Sologne, la route d'Isdes.
*__1680__ Le vivier.

KURL MULLER, né à Wolkenstein (Allemagne). —
24, avenue de Wagram, chez L. Bélugou, Paris.

*1681   Etude de vieillard.
*1682   Tête de vieillard.
*1683   Tête de vieillard.

MINARTZ (Tony), né à Paris. — 37, rue Fontaine,
Paris.

*1684   Une sortie d'Opéra.
*1685   Sur la scène des Folies-Bergère.
*1686   Les Clodoches.
*1687   Pendant l'entr'acte.
*1688   Les épaules.
*1689   Péripatéticiennes.

MONIER (Camille), né à Montpellier. — 12, rue des
Artistes, Paris.

*1690   En Provence.
*1691   Bateaux.
*1692   Montvalent.
*1693   Gervo.
*1694   Prairie Senlisse.
*1695   Baie de Lanary.

MONNET (Joannès), né à Lyon. — 65, rue Ste-Anne,
Paris.

*1696   Paysage : Ain.
*1697   Paysage : Ain.
*1698   Paysage : Ain.

***1699**   Saint-Cloud.
***1700**   Montgeron.
***1701**   Pommes.

MOREAU (Pierre-Louis), né à Paris. — 5, rue de Bagneux,
Paris.

***1702**   Promeneurs dans un parc.
***1703**   Versailles.
***1704**   Femme en blanc.
***1705**   Saint-Cloud.
***1706**   Au Luxembourg.
***1707**   L'estacade, à Paris.

MORITZ (Henri), né à Huningue (Haut-Rhin). —
42, rue de Dunkerque, Paris.

***1708**   Nymphes (crépuscule).
***1709**   L'abreuvoir (effet de soleil couchant).
***1710**   Retour du troupeau (effet de soleil cou-
         chant).
1711   Aquarelles (quatre études).

MORIZET (Paul), né à Paris. — 3, rue Vercingétorix,
Paris.

***1712**   L'île d'Amour (La Varenne-Chenevière).
***1713**   L'Ecu de France (La Varenne-Chenevière).
***1714**   Chemin de Bagneux (Chenevière).
***1715**   Le lac.

MOROGE (Lucien-Gustave), né à Auray (Morbihan). —
39, rue d'Alésia, Paris.

*1716 Soleil de décembre à Ventimiglia (Italie).
*1717 Aloës.
*1718 L'orage.
*1719 Rue à Ventimiglia (Italie).
*1720 Place du Marché à Cannes.
*1721 Breton

MOUCLIER (Marc), né à Aigre (Charente). — 12, rue
Cauchois, Paris.

*1722 Convalescence.
*1723 Vallée d'Aigre.
*1724 La coupe de bois.
*1725 Le hangar.
*1726 La barrière.
*1727 A travers champs.

MOUJON-GAUVIN (Eugénie), née à Pontoise (Seine-et-
Oise). — 4, faubourg du Temple, Paris.

*1728 Place de Paimpol (Côtes-du-Nord) (étude).
*1729 Rue Croulebarde (Gobelins) (peinture).
*1730 Une fête au boulevard Raspail (peinture).
*1731 Fleurs (peinture).
*1732 Nature morte (peinture).
*1733 Les pâtés à Pontoise (pastel).

MUNCH (Edvard), né en Norvège. — Poste restante à
Paris.

*1734 Une folle.
*1735 Nuit.

1736 Deux portraits.
*__1737__ Garçons baignants.
*__1738__ Paysage.
*__1739__ Village norvégien.

NATHAN (Fernand), né à Marseille. — 26, rue Fabert, Paris.

1740 Jardin à Capri.
1741 Venise (étude).
1742 Venise (étude).
1743 Marseille (La Corniche), (aquarelle).
1744 Marseille (rochers), (aquarelle).
1745 Marseille (étude).

NAUDIN (Bernard), né à Châteauroux (Indre). — 13 *bis*, rue Campagne-Première, Paris.

*__1746__ Lendemain.
*__1747__ Convoi de blessés.
*__1748__ La mort de Héricourt (la force Paul-Adam).
*__1749__ L'émeute.
1750 Croquis.

NICOLAS (Auguste), né à Brest. — Place de l'Isle-de-Kerléau, Brest.

1751 Ondine (pastel).
1752 Le modèle (pastel).
1753 Portrait de Paul Lehideux.
1754 Chrysanthèmes (aquarelle).

NOBLOT (Marcel), né à Metz. — 18, impasse du Maine, Paris.

*1755   Moulin de Chantemilau (temps gris).
*1756   Moulin de Chantemilau (soleil).
*1757   Châtaigniers dans la Creuse (soleil).
*1758   Châtaigniers dans la Creuse (temps gris).
*1759   Le pont de Fresselines (Creuse).
*1760   Croquis.

NOËL (Bastide), né à Foix (Ariège). — 85, avenue Kléber, Paris, et 2, rue de Barcelonne, Narbonne.

*1761   Le greffage de la vigne (Narbonne).
*1762   Bords de l'Aude.
*1763   Les bruyères.
*1764   La route du moulin (Béziers).
*1765   Le chemin de la grange (Narbonne).

NOËL (Geneviève). — 5, place du Château, Brest.

*1766   Portrait de Mme N...
*1767   Etude bretonne de Pontaven.
*1768   Portrait à la sanguine.

NORJAN. — 25, rue Montenotte, Paris.

*1769   Etude paysage (Gironde).
*1770   Etude paysage (bois de Boulogne).
*1771   Etude paysage (la Seine au pont de Neuilly).
*1772   Etude paysage (le mont Ventoux).
*1773   Etude paysage.
*1774   Etude paysage.

NONELL (I.), né à Barcelone (Espagne). — 5o, rue Baja de San Pedro, Barcelone.

*1775   Vieille gitane.
*1776   Etude.
*1777   Gitano.
*1778   Consuelo.
*1779   Etude de gitano.
*1780   Jeune gitane.

O'CONOR (Roderic), né en Irlande. — Hôtel des Voyageurs, Pont-Aven (Finistère).

*1781   Les quatre poires.
*1782   Tête d'homme.
*1783   Fruits et faïence.
*1784   Moulin de Montigny.
*1785   Chrysanthèmes et roses de Noël.
*1786   La fille qui rit.

OTT (Lucien), né à Paris. — 6, rue des Filles-du-Calvaire, Paris.

*1787   Bois de pins.
*1788   Baic Delaunay.
*1789   Au pied de Loiseau.
*1790   Landes de l'Arcouest.
*1791   Sur Loiseau.
*1792   L'ancien moulin.

OLIVIER (Ferdinand), né à Les Martigues (Bouches-du-Rhône). — 7, boulevard Arago, Paris.

*1793   Temps gris en Provence (six études).
*1794   Marais en Provence (temps gris).

*1795 Maison provençale (temps gris).
*1796 Crépuscule (Provence).
*1797 Les pins (soleil couchant).
*1798 Etangs en Provence (soleil couchant).

OTTOZ (Emile), né à Paris. — 7 *bis*, rue Duperré, Paris.

*1799 Les meules (temps gris).
*1800 Ancienne porte d'abbaye à Auvers.
*1801 Vieille route à Auvers.
*1802 Un coin de mon jardin.
*1803 L'Oise à Auvers.
*1804 Bibelots (nature morte).

OULES (Henri-Joseph-Martin-Paul), né à Castres (Tarn). — 72, boulevard de Port-Royal, Paris.

*1805 Chemin aux environs d'Etables.
*1806 Route du Haut-Bocquet (forêt de Rambouillet.
*1807 Plage de Godelin, à Etables.
*1808 Les bouleaux (forêt de Rambouillet).
*1809 Bords de l'Yvette (études).
*1810 Moulin aux bords de l'Ic (Bretagne).

PAILLER (Henri), né à Poitiers (Vienne). — 39, quai des Grands-Augustins, Paris.

*1811 Soirée d'octobre au Gros-Luzain (Creuse).
*1812 Rayons de soleil à travers les chênes (Creuse).
*1813 Le vieux chemin de Vitrac (Creuse).
*1814 La Creuse, le matin en septembre.

***1815** Vieux chemin de Vitrac.

***1816** Matinée de janvier au moulin Bouchar-
don.

***1817** Plein midi d'octobre, côtes de Vitrat.

PALECZMA (Mme Amélie), née à Cracovie (Pologne).
— 59, boulevard Montparnasse, Paris.

***1818** En cachette.

***1819** Fagots.

***1820** Printemps.

PAPIN (Pierre), né à Vire (Calvados). — Châteauneuf-
du-Faou (Finistère).

***1821** Matin d'octobre en Bretagne.

***1822** Avoines (Bretagne).

PARENT (Roger), né à Paris. — Rue de la Station,
Linkebeck (Belgique).

***1823** Hiver, Linkebeck (Belgique).

***1824** Les trois arbres, Hocquincourt (Somme).

***1825** Meule hiver, Hocquincourt (Somme).

***1826** Automne. Linkebeck (Belgique).

***1827** Rue de la Brasserie, Linkebech (Belgique).

***1828** Rue de la Station, Linkebeck (Belgique).

PAVIOT (Louis). — 32, rue des Dames, Paris.

***1829** Bouleaux, soir (Bresse).

***1830** Bouleaux, matin (Bresse).

***1831** Jardin du couvent des Carmes déchaussés,
Lyon.

***1832** Rochers de Virieux le-Grand (Bugey).
***1833** Les regains de Virieux-le-Grand (Bugey).
***1834** Les prés de Joux (Haut-Bugey).

PECCATTE (Marie-Charles), né à Baccarat. — 27, rue Thurin, Saint-Dié.

***1835** L'automne.
***1836** Le bois de bouleaux.
***1837** Une famille de bouleaux.
***1838** L'été de la Saint-Martin.
***1839** Lueurs d'automne.

PENNEQUIN-DELORME (A.), né à St-Mesme (Seine-et-Marne). — 128, avenue du Maine, Paris.

***1840** Les nasses, souvenir de Marne.
***1841** L'ancienne distillerie (Le Crotoy, Somme).

PENOT (Edouard), né à Pithiviers. — 25, rue Cerol.

1842 Soleil couchant (marée haute).
1843 Barque de pêche (Cayeux).
1844 Marée montante.
1845 Barque pêchant au large.
1846 Soleil couchant (marée basse).
1847 Paysage.

PÉRINET (Louis-André), né à Poissy (Seine-et-Oise). — 47, rue Crozatier, Paris.

***1848** Chaumières dans la lande (île de Bréhat).
***1849** Côte bretonne (environs de Pontorson).
***1850** Lever de lune (île de Bréhat).

***1851** Marée basse (ile de Bréhat).
***1852** Le vieux moulin.
***1853** Rivière du Trieux (environs de Pontrieux).

PETITJEAN (Hippolyte), né à Mâcon. — 26, rue Nansouty (villa du Parc-Montsouris, 5), Paris.

1854 Paysage.
1855 Portrait.
1856 Étude de paysage.
1857 Intérieur de cour.
1858 Dessin.
1859 Dessin.

PÉRINIAUD (Dubos-Charles) né à Limoges. — 67, rue Rochechouart, Paris.

***1860** Le souvenir.
***1861** 3ᵉ bataillon des francs-tireurs du corps Lippowski.
***1862** La veillée.
***1863** Halte de Bohémiens.

PEYRONNET (Léonard), né à Montpellier. — 6, rue Cortot, Paris.

***1864** Automne.
***1865** La Seine.
***1866** Etang (à Palavas).
***1867** La plage (à Palavas).

PHILOSOPHOFF (A.), né à Saint-Pétersbourg. — 151, rue de Grenelle, Paris.

1868 Marine.
1869 Portrait de Mme J. P...
***1870** Intérieur.

PIERRE-SAINTE (C.), né à Paris. — 16, impasse du Maine, Paris.

1871 Mme d'H...
1872 Buste de jeune homme.
1873 Mme Georges B... et Mlle O'D...
1874 Vieux cheval.
1875 M. Albert D...
1876 Pelôtari.

PIET (Fernand), né à Paris. — 38, rue Rochechouart, Paris.

***1877** Lavoir à Lorient.
***1878** Lavandières à Morlaix.
***1879** Marchande de chiffons, Uffiniac.
***1880** Lavandières hors la ville (Vannes).
***1881** Lavoir de Kerantrec (Lorient).
***1882** Bonnes et enfants (square Montholon).

PILATRIE (Louis-Feillet), né à la Ferté-Macé. — 9, rue Falguière, Paris.

1883 Retour de pêche.
1884 Marine.
1885 Marine.

PILICHOVSKA (Lena), né à Iodi (Pologne russe). — 58, rue d'Assas, Paris.

1886 Une légende.

PIROLA (René), né à Paris. — 108, boulevard Magenta, Paris.

***1887** Jardin abandonné.
***1888** Dieppe (la grève).
***1889** Dieppe (le port).
***1890** La Madrague (Marseille).
***1891** Le vieux Marseille.
***1892** Etude (marché).

PIVAND (Henri), né à Paris. — 9, rue Fontaine-au-Roi, Paris.

1893 Canal Saint-Martin (temps gris). Appartient à M. Marin.
***1894** Canal Saint-Martin (effet soleil).

PLEHN (Mlle Alice), née à Kopitkowo (Allemagne). — 97, boulevard du Montparnasse, Paris.

***1895** Clair de lune à Étaples.
***1896** Le calvaire, à Étaples.
***1897** Crépuscule, à Étaples.
***1898** La rivière au clair de lune, à Étaples.
***1899** Les bateaux de pêche, à Étaples.
***1900** Les saules, à Crécy.

POINAT (Jules), né à Saint-Etienne (Loire). — Au Prieuré-Saint-Rambert-sur-Loire (Loire).

Notations à l'aquarelle :

*1901 Soirée d'avril.
*1902 Le marais au printemps.
*1903 L'orage.
*1904 Soir d'automne.
*1905 Les hêtres.
*1906 Hauts plateaux (octobre).

PONCHIN (Antoine), né à Marseille. — 12, rue Girardon, Paris.

1907 Le moulin de Lasault (en Brie).
1908 Canal aux Martigues (matin).
1909 Les bords du Morin.
1910 Les Martigues (Provence).

POULAIN (Edmond), né à Bobigny (Seine). — 25, rue Gay-Lussac, Paris.

*1911 Fin septembre à Marnes-la-Coquette (Seine-et-Oise).
*1912 Crépuscule, à Bellevue (Seine-et-Oise).
*1913 La pointe de l'île Séguin, à Sèvres (Seine-et-Oise).
*1914 Automne, parc de Saint-Cloud (Seine-et-Oise).
1915 Souvenir des Vosges.

POZIER (Jacinthe), né à Paris. — Eragny, par Gisors (Eure).

*1916   Lavoir à Pont-Aven (Finistère).
*1917   Tournant de l'Epte, à Bazincourt (Eure).
*1918   La neige, à Eragny-sur-Epte.
*1919   Une rue à Bazincourt (Eure).
*1920   Bretonne tricotant (Pont-Aven).
*1921   La place, à Pont-Aven (Finistère).

PRUNIER (Gaston), né au Havre. — 24, rue Dombasle, Paris.

*1922   Démolition du la Cour des Comptes.
*1923   Démolition du Palais de l'Industrie.
*1924   Chantier de construction de navires, au Havre.
*1925   Crépuscule en Bretagne.

PUY (Jean), né à Roanne (Loire). — 69, rue Lepic, Paris.

*1926   Nature morte crépusculaire.
*1927   Marie l'apache.
*1928   Soleil printanier.
*1929   Temps léger.
*1930   Filets au vent.
*1931   Un bois silencieux.

QUÉNIOUX (Gaston), né à Sambin (Loir-et-Cher). — 70, rue du Cherche-Midi, Paris.

*1932   Nature morte.
*1933   Vue d'Antibes.

*1934   Rochers blancs (pointe de la Garoupe).
*1935   Etude de terrains (Mau-les Pins).
*1936   La Pinède (Mau-les-Pins).
*1937   Vue du golfe Juan.

DE LA QUINTINIE (Léon), né à Paris. — 34, rue de la
Faisanderie, Paris.

*1938   Impression d'automne.
*1939   Matinée d'octobre (étang de Ville-d'Avray).
*1940   Sous bois.
*1941   Matinée d'été (étang de Ville-d'Avray).
*1942   Soleil couchant (étang de Ville-d'Avray).
*1943   Au bord de l'étang.

RAFFIER, né à Paris. — 8, rue Mirabeau, Toulon (Var).

*1944   Effet de soir (aquarelle).
*1945   Brume du matin (aquarelle).
*1946   Temps d'orage (pastel).

RAIETER, né à Cambrai. — 33, rue du Commerce,
Paris.

*1947   Coin de Lille, temps gris.
*1948   Nature morte.
*1949   Endormie.
*1950   Nature morte.
*1951   Tête (étude).
*1952   Au travail.

RAMEAU (Claude), né à Bourbon-Lancy (Saône-et-Loire). — 6, rue Sainte-Alice, Paris.

*1953   Ane et mare au soleil.
*1954   Maison d'ancêtres (Morvan).
*1955   Entrée d'un bois de hêtres (après-midi).
*1966   Sortie d'un bois de mélèzes (matin)·
*1957   Dans le Morvan, aux environs de la Toussaint.
*1958   Oratoire au sommet d'une montagne (Morvan).

RANFT (Richard), né à Genève. — Montévrain, par Lagny (Seine-et-Marne).

*1959   Féerie du couchant.
*1960   Au pays breton.
*1961   Les marchands d'ânes.
*1962   Lever de lune au hameau.
*1963   Les fleurs du jardin.
*1964   La nuit sur le port.

RANSON (Paul-Elie), né à Limoges. — 175, boulevard Péreire, Paris.

*1965   La mer à Nozan.
*1966   Le chemin creux.
*1967   Les bruyères des fées.
*1968   La vieille église, à Vaux.

RAOUL-MARIE (Edmond), né à Paris. — 18, rue de Mesmes, Bougival (Seine-et-Oise).

*1969   Etang sous bois,
*1970   La châtaigneraie (pastel).

*1971   Le bateau-lavoir (pastel).
*1972   Le restaurant Maurice (pastel).
*1973   Portrait de M. L..., (appartient à M. X...)
           (aquarelle).

RÉAL (Daniel), né à Guîtres (Gironde). — 12, rue du Moulin-de-Beurre, Paris.

*1974   Fatigue.
*1975   Eclaireurs surpris.
*1976   Prisonnier.
*1977   En marche.
*1978   Chevaux de prise.

DARIO de REGOYOS, né à Saint-Sébastien (Espagne). — Mugica enea Saint-Sebastien (Espagne).

*1979   Vieux port vu de la falaise.
*1980   Regardant la procession.
*1981   Route à Miranda.
*1982   Avril.
*1983   Septembre.
*1984   Vieux port basque.
1985   Aurreskou (chaîne aux mouchoirs, 1re série).
1986   —   —   2e —

RENAULT (Malo-E.), né à Saint-Malo. — Rue d'Assas, Paris.

*1987   La veuve Le Floc'h (pastel).
*1988   Jean (pastel).
*1989   Procession (dessin).
*1990   Circé chez les Cimmériens (eau forte en 2 planches).

***1991**   *a*) Les deux pommes (pointe sèche 2 pl.).
***1992**   *b*) Marchandes de douceurs (vernis mou).
***1993**   *c*) Famille de bigoudens (eau forte).
***1994**   Danse (pastel).

RICHARD (Mme Anna), née en Italie. — 36, avenue de Châtillon, Paris.

***1995**   Sainte Anne.
1996   Portrait de Mme Richard.
***1997**   Dans le salon bleu.
***1998**   Un bouquet de roses et pivoines.
***1999**   Une vue de la Suisse.
***2000**   Une plante d'iris.

ROBIN (Maurice-Louis-Ange), né à Paris. — 24, rue Saint-Denis, Boulogne-sur-Seine.

***2001**   Les hauteurs de Suresnes au printemps.
***2002**   En gésine.
2003   Par les glèbes (3 dessins).
2004   Attelages et paquets (dessins).
2005   Au fil des jours (quelques croquis).
2006   Au fil des jours (quelques croquis).

ROBY (Gabriel), né à Bayonne (Basses-Pyrénées). — 32, rue de l'Arbalète, Paris.

2007   Panneau décoratif.

RODO. — 1, boulevard Morland, Paris.

***2008**   Moulin (étude).
***2009**   Moulin (étude).
***2010**   Intérieur (étude).

ROGER (Georges-A.), né à Orléans. — 65, rue de Grenelle, Paris.

*2011   Château de la Beuvrière (aile nord).
*2012   Château de la Beuvrière (aile sud).
*2013   Moulin de Laventie (environs de Lille).
*2014   Petit cloître des [chartreux (église Saint-Pierre de Toulouse).
*2015   Porte des maréchaux à Bruges.
2016   Commencement d'automne à Fourquevaix (Haute-Garonne).

ROUART (Ernest), né à Paris. — 235, faubourg Saint-Honoré, Paris.

2018   Portrait d'une mère avec son enfant.

GABRIEL-ROUSSEAU, né à Lyon. — 102, rue de Longchamp, et chez Barthélemy, 52, rue Laffitte, Paris.

*2019   Paris : la gare Saint-Lazare.
*2020   L'arrivé d'un train à la station du métro : place Victor-Hugo.
*2021   Gare de locomotives à Orléans-Ceinture.
*2022   Le boulevard Saint-Germain.
*2023   La Seine au Pont-Neuf.
*2024   Etude pour une exposition des bords du Rhin : Lever de lune à Saint-Gear (Allemagne).

ROUSSEAU (Henri), né à Laval. -- 36, rue Gassendi,
Paris.

*2025   Eclaireurs attaqués par un tigre.
2026   Portrait de fillette.
2027   Portrait d'enfants.
2028   Fleurs.

ROUSSEL (K.-X.), né à Metz. — Etang-la-Ville (S.-et-O.)

2029   Ronde de nymphes.
2030   Bacchanale.
2031   Paysage.

ROUSSEL-MASURE (Henri), né à Paris. — 6, rue
Poussin, Paris.

*2032   Maisons au bord de l'eau.
*2033   La Seine au Point du Jour.
*2034   Nature morte.
*2035   Sous les oliviers (pastel).

ROUSTAN (Émile), né à Pnôm-Penh (Cambodge). —
2, rue du Haut-Pavé, Paris.

*2036   Ferme en Bretagne.
*2037   Coin de ferme le soir.
*2038   Tête de femme (lithographie originale).
*2039   Dans le parc.
*2040   Ferme au bord de la mer en Bretagne
           (lithographie originale en couleurs).
*2041   Sous bois (lithographie originale en cou-
           leurs).

LOLA DE RUIZ, né à La Havane. — 28, rue Godot-de-Mauroi, Paris.

2042 Etude d'enfant et Slough.
2043 Portrait de M™ H...
2044 Inesilla.
2045 Portrait de l'auteur.

RYSSELBERGHE (Théo Van). — Villa Aublet, 44, rue Laugier, Paris.

2046 Portrait de dame.
*2047 Esquisse d'un panneau décoratif.

SAINSÈRE (Mlle Jeanne), née à Paris. — 30, rue de Miromesnil, Paris.

2048 Fruits.
2049 Toits.
2050 Nature morte.
2051 Fleurs.

SAINTE (Pierre), né à Paris. — 64, rue des Petits-Champs, Paris,

2052 Madame d'H...
2053 Etude de jeune fille.
2054 Mme G. B... et Mlle O'D...
2055 M. A. D...
2056 Etude de cheval.
2057 Un pelotari.

SALAIM (Raoul), né à Parthenay (Deux-Sèvres). —
1, rue Cervantès, Paris.

*2058   4 pochades.
*2059   Nature morte.
*2060   Paysage.
*2061   Nature morte (pastel).

SALVADOR (Florensa), né en Espagne. — 6, rue Bara,
Paris.

2062   Etude.
2063   Etude.
2064   Etude.
2065   Etude.

SAMSON (Gustave), né à Granville. — 5o, rue des Juifs,
à Granville (Manche).

*2066   Etude.
*2067   Vieille granvillaise.
*2068   Rêverie.
*2069   Nature morte.
*2070   Nature morte.
*2071   Etude (fusain).

SARDIN (Albert-Edmond), né à Arcis-sur-Aube. —
13, rue de l'Yvette, Paris.

*2072   Etudes.
*2073   Etude à Torcy-le-Grand (Aube).
*2074   Etude de tête (fusain).
*2075   Portrait (appartient à Mme L...).

SAUVANON (Léon-Georges), né à Paris. — 191, rue de
Charonne, Paris.

*2076   Captive (aquarelle fine).
*2077   Pensées (aquarelle).
*2078   Bord de la Marne (aquarelle).
*2079   Bord de la Marne (aquarelle).

SCHLOSSMACHER (Georges), né à Paris. — 39, rue
Borghèse, Neuilly-sur-Seine.

*2080   Bassin de chasse (Le Crotoy).
*2081   Coup de soleil.
*2082   Fin d'orage (Morbihan).
*2083   Le chemin creux.

SCHUFFENECKER (Claude-Emile), né à Fresne-Saint-
Mamès (Haute-Saône). — 4, rue Paturle, Paris.

2084   Portrait de Mme F... (pastel).
*2085   Dans la neige.
2086   Sur la grève (appartient au docteur Che-
       valerias).

SCHUTZENBERGER (René), né à Mulhouse. — 2, rue
Dumont-Thiéville, Paris.

*2087   La Seine à l'île de la Jatte.
*2088   Sous les sapins.
*2089   La Seine et les usines.
*2090   Seigle vert et pommiers en fleurs.
*2091   Cerisiers fleuris.
*2092   La tourmente.

SEIGNEURYE-BARTHE (V.), né à Paris. — 51, boulevard Saint-Jacques, Paris.

2093 Pins dans la villa Borghèse (Rome).
2094 Sur la lisière du bois de Meudon (étude).
2095 Nature morte (étude).
2096 Plaine de Vélizy (étude).
2097 Péniches au pont Mirabeau.

SEIGNEURYE (Jules), né à Paris. — 51, boulevard Saint-Jacques, Paris.

*2098 Chevêt de Notre-Dame (pastel).
*2099 Etude de marine (pastel).
*2100 Etude de marine (pastel).
*2101 Etude de marine (pastel).
*2102 Etude de marine (pastel).
*2103 Etude de marine (pastel).

SÉGUIN (Arsène), né à Saint-Malo. — 10, rue des Buissons à La Garenne-Colombes.

*2104 Un grain à l'entrée de la Rance.
*2105 Pâturage.
*2106 Effet de neige en Hollande.

SÉRUSIER (Paul), né à Paris. — Châteauneuf-du-Faou (Finistère).

*2107 Marché à Châteauneuf.
*2108 Route de Carhaix.
*2109 Vallée du haut Danube.
*2110 Nature morte.
*2111 Petite bretonne.

SERVAL (Maurice), né à Douai (Nord). — 3, rue Daumier, Paris.

    *2112   L'automne (pastel).
    *2113   Les fortifications à Auteuil (pastel).
    *2114   Le soir (Versailles, pièce d'eau des Suisses) (pastel).
    *2115   Brume (pastel).
    *2116   La Seine à Paris (crépuscule) (pastel).
    *2117   Le pont Mirabeau (pastel).

SIBERTIN-BLANC (René), né à Paris. — 3, rue Nicolo, Paris.

    *2118   Etude (pastel).
    *2119   Lisière d'un bois (Seine-et-Oise).
    *2120   Effet de pluie (dessin).
    2121   Portrait (dessin).

SIGNAC (Paul). — 16, rue Lafontaine, Paris.

    2122   Antibes, matin.
    2123   Antibes, soir.
    2124   Les Diablerets.
    2125   Le pont Mirabeau.
    2126   Bateaux du Léman.

SILAC (Pierre), né à Limoges. — 42, rue Fontaine, Paris.

    *2127   Etude de foule.
    *2128   Nature morte.

SILBERT (Max), né à Ildens. — 13, rue Duperré, Paris.

*2129 Intérieur hollandais.
*2130 Tricoteuses hollandaises.
*2131 Servante hollandaise.
*2132 Lavoir.
*2133 Laitière hollandaise.

SIMON (Marie), née à Elbeuf. — 15, rue de l'Hospice,
Elbeuf (Seine-Inférieure).

*2134 La Seine à Igoville (matinée d'été).
*2135 Maisons au Bas-Fourneau (le soir).
*2136 La Seine à Igoville (matinée d'automne).
*2137 Les Damps, en novembre.
*2138 Maisons du Bas-Fourneau (le matin).
*2139 Grand'Route de village.

SLAVONA (Mme Maria), née à Luebeck. — 4, rue de
l'Orient, Paris.

*2140 La rue de l'Orient.
*2141 Bouleaux à Barbizon (automne).
*2142 Etude d'enfant malade.
*2143 Chrysanthèmes.
*2144 Roses.
*2145 Nature morte.

SLEWINSKI (Ladislas). — 25, boulevard Montparnasse, Paris.

*2146 Fleurs.
*2147 Nature morte.
*2148 Marin breton.

***2149** Paysage.
2150 Portrait.
***2151** Fleurs.

SON (Johannès), né à Lyon. — 3o, rue Fontaine, Paris.

***2152** L'Ain à Varambon (Ain).
***2153** Matinée à Rouen (Seine-Inférieure), pastel.
***2154** Quatre effets du matin du lac de Nantua (Ain).
***2155** Quatre études. Les moissons.
2156 Trois études : Rouen, Granville, Anvers. Appartient à Mme M...
***2157** Deux études dans l'Ain.

SOULL'ARD (Louis), né à Saint-Lô. — 17, passage Gourdon, Paris.

***2158** Soleil levant sur la brume.
***2159** Brume d'hiver (Pont-Neuf, petit bras).
***2160** Sous le pont de l'archevêché.
***2161** La Bièvre (rue de la Glacière).
***2162** La Marne (à La Maltournée).
***2163** Dégel (route d'Antony).

SOULLARD (Pascal), né à Paris. — 17, passage Gourdon, Paris.

***2164** Jardinière (le baiser).
***2165** Buste (vieux marins).
2166 Buste (M. R. M...)

SUE (Gabriel), né à Marseille. — 1, rue du Printemps,
Paris.

*2167 Bœufs au labour.
*2168 Harde de chiens courants.
*2169 Chiens au soleil.
*2170 Portrait de Bull.
*2171 Paysage.
*2172 Paysage.

TARCKOFF (Nicolas), né à Moscou. — 7, rue Bellini,
Paris.

*2173 La porte Saint-Denis.
*2174 Journée grise.
*2175 Fête populaire à Montmartre.
*2176 La Seine et Notre-Dame.
*2177 Les chrysanthèmes.
*2178 La Seine et Notre-Dame (la nuit).

TAYLOR (Louis), né en Angleterre. — Marlotte (Seine-
et-Marne).

2179 Portrait de Mme T...
2180 Paysage.
2181 Au bord de la mer.

TÉTARD (Mme Blanche), née à Dijon (Côte-d'Or). —
56, rue Notre-Dame-de-Lorette, Paris.

*2182 Sous la lampe.
*2183 Un mathurin.
*2184 Un coin de ferme.

*2185   Xénia
*2186   L'aurore.
*2187   La nuit.

THÉLEM (Ernest), né à Paris. — 31, boulevard Berthier, Paris.

*2188   Après le rallye.
*2189   Au bois (aquarelle).

Illustrations extraites de l'*Ecurie Potardol* :

*2190   Retour de Colombes (dessin à la plume).
*2191   La mort du crack (dessin à la plume).
*2192   La vente (dessin à la plume).
*2193   La rencontre (dessin à la plume).

THIRY (René), né à Rouen. — 47, rue Caulaincourt, Paris.

*2194   Le halage.
*2195   La giboulée, labour au printemps.
*2196   Après l'orage, labour au printemps.
*2197   Quai d'Austerlitz.
*2198   Quai de la Rapée.
*2199   Les tombereaux.

THOMAS (Pierre-Paul), né à Limoges (Haute-Vienne). — 40, rue du Four.

*2200   Pont-Marie.
*2201   Écluse de la Monnaie.
*2202   Locquirec (Finistère).
*2203   Rochers, à Locquirec.

*2204 Notre-Dame de Paris.
*2205 Bosquet de Billancourt.

TIXIER (Daniel), né à Châteauroux (Indre). — 51, boulevard Saint-Jacques, Paris.

*2206 Dans la cuisine.
*2207 Inquiétude.
*2208 La toilette.
*2209 Intérieur.
*2210 Le repos du modèle.

TORENT (Evelio), né à Badalone (Espagne). — 83, rue de l'Assomption, Paris.

*2211 L'adoration du Christ (Espagne).
*2212 Eglise Saint-Fernando (Espagne).
*2213 Coin de marché (Espagne) (pastel).
*2214 Environs de Guadarrama (Espagne) (p.).
*2215 Une loge aux courses de toros (Espagne) (pastel).
*2216 Portrait de M. Laurent Tailhade (fusain).

TRAMAD, né à Paris. — 48, rue de Dunkerque, Paris.

*2217 Chrysanthèmes.
*2218 Azalé.
*2219 Cyclamen.
*2220 Anémone et boule-de-neige.
*2221 Canna.
*2222 Pivoines.
*2223 Pivoines.

TURIN (André), né à Paris. — 12, rue des Pyramides, Paris.

*2224 En Normandie.
*2225 Crépuscule à Rouen.
*2226 Les bords de l'Oise à Auvers.
*2227 Equihen (Pas-de-Calais).
*2228 Château d'Arques-la-Bataille.
*2229 Chêne aux Vaux-de-Cernay.

TZAUD (Aymée), née à Pawlosk (Russie). — 6, rue du Débarcadère, Paris.

2230 Portrait de Mlle T...
2231 Portrait de M. O. L. C... (pastel).
2232 Tête de femme, étude (pastel).
2233 Violettes et mimosas.
2234 Bouquet de roses.

ULANOWSKI (Fhadée), né à Lubartow (Pologne). — 5, rue Gay-Lussac, Paris.

*2235 Maternité (tryptique).
*2236 Pologne : Paysan prophète.
*2237   —   Fenêtre révolutionnaire.
*2238   —   Moyen-Age.
*2239   —   La moisson.
*2240 Le Miracle.

URBAIN (Alexandre), né à Sainte-Marie-aux-Mines. — 21, quai Bourbon, Paris.

*2241 Esquisse (l'amour captif).
*2242 Le quatuor.

***2243** La dame à la fourrure blanche.
***2244** Etude (une gitane).
***2245** Nature morte.
***2246** Robe blanche.

VALLÉE (Ludovic), né à Paris. — 126, rue d'Assas, Paris.

***2247** L'Allée du bas (parc Montsouris).
***2248** Près des cascades (parc Montsouris).
***2249** Le Lac (parc Montsouris).
***2250** L'allée du haut (parc Montsouris).
***2251** Le saule pleureur (parc Montsouris).
***2252** Arromanches.

VALLEY (Amédée-Noël), né à Paris. — 2, rue Monge, Paris.

***2253** Le prairie au Plant-Champigny.
***2254** Les petits oiseaux à Notre-Dame.
***2255** La villa Rémy au Plant.
***2256** La leçon de mandoline.
***2257** L'air favori.
***2258** Etudes parisiennes.

VALLOTTON (Félix). — 59, rue des Belles-Feuilles, Paris.

***2259** Ruisseau (Arques-la-Bataille).
***2260** Les saules (Arques-la-Bataille).
***2261** Le vallon d'Arques (temps gris).
***2262** Environs d'Arques (temps gris).
***2263** Peupliers.
***2264** Le ruisseau (septembre)

VALTAT (François-Victor) (Delion), né à Paris. —
17, rue Montbello, Versailles.

*2265 Etude de jardin.
*2266 Vieilles d'Agay (marine).
*2267 Etude de jardin.
*2268 Givre et brouillard.
*2269 Vieilles d'Agay (marine).
*2270 Neige.

VALTAT (Louis). — Chez M. Vollard, rue Laffitte,
Paris.

2271 Jardin.
2272 Paysage (appartient à M. Renoir).
2273 Marine.

VALTON (Edmond-Eugène), né à Paris. — 131, avenue
Parmentier, atelier : 44, rue Fessart, Paris.

*2274 Les boulevards.
*2275 Le mendiant.
*2276 Les poussins.
*2277 Les saisons.
*2278 Le coche et la mouche.
*2279 Plusieurs dessins dans un même cadre.

VAN DONGEN (Kées), né à Rotterdam (Hollande). —
10, impasse Girardon, Paris.

*2280 Moulin à Overschie (Hollande).
*2281 Canal à Delfshaven (Hollande).
*2282 Le « Zandstraat » à Rotterdam (Hollande).

*2283   Montmartre (été).
*2284   Montmartre.
*2285   Coin de bal masqué.

VAN RYSSEL (Louis), né à Paris. — Auvers-sur-Oise
(Seine-et-Oise).

2286   Portrait du peintre Van der Does.
2287   Portrait du peintre Pilon.
2288   Portrait du peintre Moujon-Gauvin.
*2289   La halte de Chaponval.
*2290   Passage à niveau n° 13.
*2291   Dans l'église Saint-Maclou-de-Pontoise.

VARENNE (Antoine), né à Saint-Germain-Lembron
(Puy-de-Dôme). — 12, place de l'Eglise, Pantin.

2292   Fin.de journée (Noisy-le-Sec).
2293   A la décharge (Pantin).

VANTIER (André), né à Paris. — 6, rue Furstemberg,
Paris.

*2294   Méditerranée.
*2295   Une chaumière à Giraumont (Oise).
*2296   L'Aronde à Revenne (Oise).
*2297   Allée d'œillets.
*2298   Le quartier Sainte-Anne à Menton (Alpes-
         Maritimes).

VERNET (Mlle Alice), née à Monthoreux-sur-Saône (Vosges). — 108, rue de Longchamp, Paris.

*2299   Souvenirs d'Orient.
*2300   Boules de neige.
*2301   Oranges.
*2302   Etude.
*2303   Brioche.
*2304   Vieilleries.

VERNET (Paul), né à Paris. — 35, rue Lamarck, Paris.

*2305   Etude.
*2306   Etude.
*2307   Souvenirs de Garches.
*2308   Souvenirs de Garches.
*2309   Souvenirs de Garches.
*2310   Souvenirs de Garches.

VIALLE (Antonin), né à Limoges (Haute-Vienne). — 27, rue Oberkampf, Paris.

*2311   Eurydice chez les ombres heureuses.
 2312   Portrait de Mlle L. de Heudange.
*2313   Athénienne.
*2314   Chrysis.
 2315   Portrait de ma fille Isabelle.
*2316   Douce vision.

VIALLE (Mme Lucienne), née à Compiègne (Oise). —
27, rue Oberkampf, Paris.

  *2317 Roses (étude).
  *2318 Coin de forêt (Fontainebleau).

VIEILLARD (Maurice-Emile), né au Havre-de-Grâce.
— 108, rue Caulaincourt, Paris.

  *2319 Les chevaux blancs.
  *2320 Une rue (Montmartre).
  *2321 Les chiffonniers (nuit d'été).
  *2322 Les vainqueurs.
  *2323 La voiture rouge.
  *2324 Attelage (la nuit).

VIGOUREUX (Philibert), né à Pont-de-Veyle (Ain). —
282, rue Saint-Jacques, Paris.

  *2325 Enfant au hochet.
  *2326 Berlioz.
  *2327 Marine.
  2328 Portrait.

VILLÉON (Emmanuel de la), né à Fougères.— 94, rue
du Bac, Paris.

  *2329 Le village.
  *2330 La neige.
  *2331 Les sables.
  *2332 Le bief.
  *2333 Le pont.
  *2334 La rivière.

VITAL-LACAZE (Joseph), né à Paris. — 34, rue Lacépède, Paris.

2335 Tête de jeune fille (étude).
2336 Tête de jeune fille (étude).
2337 Tête de jeune fille (étude).
2338 Paysage (étude).
2339 Portrait de femme en pied.

VUILLARD (J.-Edouard), né à Cuiseaux. — 28, rue Truffaut, Paris.

2340 Intérieur (le soir).
2341 Intérieur.

WALLAERT (Auguste), né à Nivelles. — 164, rue du Progrès, Bruxelles.

*2342 Chez nous (esquisse).
*2343 Margot! (pastel).
*2344 Dune (La Panne).
*2345 Coin d'atelier.
*2346 Au soleil! (esquisse).
*2347 Coin de fonderie.

WATBOT (Alphonse), né à Saint-Quentin. — 27, rue Sainte-Eugénie, Paris.

2348 Le refuge des humbles.
2349 Intérieur de Saint-Leu.

WEERT (Mme Anna de), née à Gand. — 1, rue de Hospices, à Gand (Belgique).

*2350 Pluviose (canal de la coupure à Gand).
*2351 Soir.
*2352 Fossé verdoyant.
*2353 Meules dans le brouillard.
*2354 Un vieux.

WEILUC (Henri-Lucien), né à Paris. — 8, rue Pigalle, Paris.

*2355 Leurs béguins.
*2356 Leurs relations.
*2357 Struggle for life.
*2358 Leur p'tit cœur.

WIELHORSKI (Jules), né à Nancy. — 8, rue Froidevaux, Paris.

*2359 Etang, près Chaville.
*2360 Un coin de la place de la Concorde.
*2361 Village normand, Grand-Quevilly.
*2362 La Seine dans le bois de Boulogne.
*2363 La Meurthe à Nancy.
*2364 La Seine à Saint-Adrien.

WITTY (Edouard). — 62, rue Bargue, Paris.

*2365 Nostalgie.

YSERN (P.-Alic), né à Barcelone, Espagne. — 3, rue Champollion, Paris.

*2366   La vente de la pêche.
*2367   Départ pour la pêche.
*2368   Racommandant un filet.
*2369   La corde (plages catalanes).

ZURICHER (Mlle Bertha), née à Berne (Suisse). — 11, boulevard Gouvion-Saint-Cyr, Paris.

2370   Bleuts. (Appartient à M. Olivier Sainsère).
*2371   Lilas.
*2372   Jonquilles.
*2373   Rhododendrons.
*2374   Cyclamens, marguerites.
2375   Nature morte, pommes. (Appartient à M. Eug. Blot).

ZURICHER (Ulrich-Wilhelm), né à Berne. — 135, boulevard Montparnasse (Modern Palace Hôtel).

*2376   Dans les Alpes.
*2377   Soir d'hiver.
*2378   Après le travail.
*2379   Le repos.
*2380   Un philosophe.
*2381   Notre-Dame.

SUPPLÉMENT

BORGEX (Louis-Bourgeois), né à Lyon. — 67 *bis*, boulevard Saint-Jacques, Paris.

*2382   La répétition.
*2383   Le concert.
*2384   Femmes au piano.
*2385   Jeune femme chantant.

DESBOIS (Jules), né à Parçay (Maine-et-Loire). — 99, boulevard Murat, à Paris.

*2386   La mort, esquisse bronze (1re épreuve).

FOURNIER (Georges), né à Paris. — 90, rue d'Assas, Paris.

2387   Pont des Saints-Pères.
2388   Avenue du Maine.
2389   Côte de Picardie.
2390   Boulevard Saint-Michel.
2391   Avenue de l'Observatoire.
2392   Boulevard de Courcelles.

LAHALLE (Fred), né à Brest. — Lahalle, capitaine de frégate, chez M. Canville, 88, avenue de Villiers, Paris.

*2393   La vie en enfers.
*2394   La vie en enfers.
*2395   La nuit de Valpurgis.

LEFRANC & CIE

18, Rue de Valois. - Paris

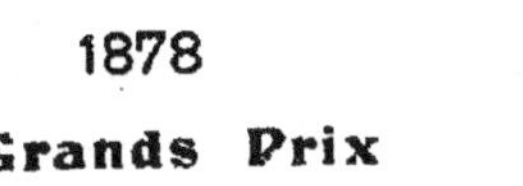

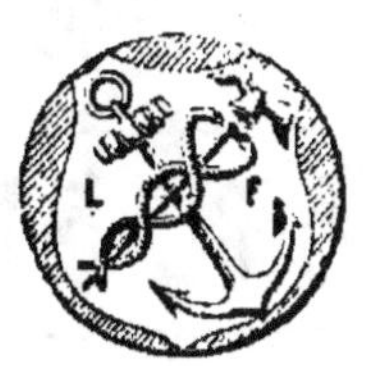

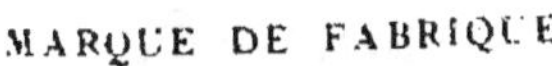

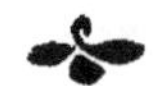

Exposition Universelle
1878
2 Grands Prix

MARQUE DE FABRIQUE

Exposition Universelle
1889-1900
4 Grands Prix

COULEURS FINES
POUR
La Peinture à l'huile, l'Aquarelle, la Gouache, le Pastel.

COULEURS A L'ŒUF & A L'HUILE D'ŒUF

Vernis J. G. Vibert

COULEURS SOLIDES A L'HUILE DE J. F. RAFFAËLLI

Couleurs mates pour la Décoration Artistique
et pour peindre sur Etoffes sans apprêt.

PASTELS TENDRES FIXES A LA LUMIÈRE

La Taille-Douce simplifiée par la CELLULOTYPIE
(Procédé Emile BAYARD, breveté s. g. d. g.)

Ébénisterie et Matériel d'Artiste

DÉPOT CHEZ TOUS LES MARCHANDS DE COULEURS

Le Garde-Meuble Public

AGRÉÉ PAR LE TRIBUNAL

BEDEL & Cie

Bureaux : 18, RUE SAINT-AUGUSTIN.

MAGASINS
- Avenue Victor-Hugo, 67 (Passy).
- Rue Championnet, 194 (Av. de St-Ouen).
- Rue Lecourbe, 308 (Vaugirard).
- Rue de la Voûte, 14.

→→→→ PARIS ←←←←

Transport de Tableaux aux Expositions

La Maison **BEDEL & Cie** (18, rue St-Augustin) se charge, aux conditions suivantes, du transport dans Paris des œuvres d'art destinées aux Expositions :

Tableaux ne dépassant pas 1 mètre de côté :		**1 fr. 50**
— — —	1 m. 50 —	**2 fr.** »
— — —	2 mètres —	**3 fr.** »

Pour les tableaux de plus de 2 mètres, envoyer les dimensions pour avoir les prix.

MAGASINAGE DE TABLEAUX

Pour conserver dans nos Magasins les Tableaux que les Artistes ne peuvent reprendre immédiatement chez eux :

Prix par mois :

Tableaux ne dépassant pas 1 mètre de côté :		**1 franc**
— — —	1 m. 50 —	**1 fr. 50**
— — —	2 mètres —	**2 fr. 50**

Plus **0 fr. 30** *par mille francs et par mois pour l'assurance contre l'incendie.*

L'ÉMANCIPATRICE (IMP.), 3, RUE DE PONDICHÉRY, PARIS. — 5992.